AF591148

LES

HABITATIONS A BON MARCHÉ

EN

BELGIQUE ET EN FRANCE

PAR

M. Jules CHALLAMEL

DOCTEUR EN DROIT, AVOCAT A LA COUR D'APPEL DE PARIS.

(Extrait du *Bulletin de la Société de Législation comparée*)
(Séance du 16 janvier 1895).

PARIS

F. PICHON
LIBRAIRE-ÉDITEUR
24, RUE SOUFFLOT, 24

Aug. CHALLAMEL
LIBRAIRE-ÉDITEUR
5, RUE JACOB, 5

1895

LES

HABITATIONS A BON MARCHÉ

EN

BELGIQUE ET EN FRANCE

LES

HABITATIONS A BON MARCHÉ

EN

BELGIQUE ET EN FRANCE

PAR

M. Jules CHALLAMEL

DOCTEUR EN DROIT, AVOCAT A LA COUR D'APPEL DE PARIS.

(Extrait du *Bulletin de la Société de Législation comparée*)
(Séance du 16 janvier 1895).

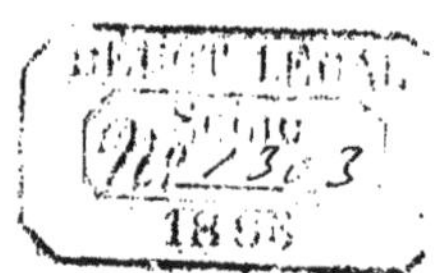

PARIS

F. PICHON
LIBRAIRE-ÉDITEUR
24, RUE SOUFFLOT, 24

Aug. CHALLAMEL
LIBRAIRE-ÉDITEUR
5, RUE JACOB, 5

1895

LES HABITATIONS A BON MARCHÉ EN BELGIQUE ET EN FRANCE

I.

De toutes les lois sociales récemment promulguées, en Belgique et en France, il n'en est pas dont on puisse faire meilleur usage que des lois du 9 août 1889 (1) et du 30 novembre 1894 (2) sur les habitations à bon marché.

Elles répondent, en effet, à un besoin véritable, très généralement ressenti dans les grandes villes et dans les centres industriels (3); d'autre part, elles font une si large place à l'initiative privée, un si confiant appel au concours de tous les bons citoyens

(1) Complétée par la loi du 30 juillet 1892. — V. *Annuaire de législation étrangère*, tome XIX, p. 539, et tome XXII, p. 484.

(2) *J. Off.* du 1er décembre 1894. — Un commentaire anticipé de cette loi a été donné par M. de Casteran, docteur en droit, dans le mémoire qu'il a présenté au Congrès de la propriété bâtie, sous le titre de : *Les logements à bon marché* (Lyon, 1894).

(3) Ce n'est pas seulement en France et en Belgique que des mesures législatives ont été prises en faveur du logement des classes laborieuses. Mais, pour que l'étude que nous nous proposions de faire pût avoir quelque précision et quelque portée pratique, il nous a semblé qu'il ne fallait pas lui donner trop d'extension, alors surtout que les mœurs et coutumes locales jouent dans la question un rôle si considérable.

Pour la *Grande-Bretagne*, il convient de citer principalement les lois du 30 juillet 1874 (*Annuaire*, tome IV, p. 16) et du 25 août 1894, et, d'autre part, celle du 18 août 1890 (*Annuaire*, tome XX, p. 114). V. aussi l'étude très complète et très convaincante de notre collègue M. Hubert-Valleroux, dans le *Bulletin* de juillet 1884, p. 606. — Pour l'empire d'*Autriche*, v. la loi du 9 février 1892 (*Annuaire*, tome XXII, p. 325).

qu'il est impossible de ne pas rendre hommage à l'esprit libéral qui les a inspirées.

Le mal qu'elles doivent contribuer à guérir a été dénoncé, voici près de quarante ans, par un homme dont l'intelligence alerte et le cœur généreux ont pressenti de loin les difficiles problèmes que nous donnerait à résoudre le progrès constant de la grande industrie ; — j'ai nommé M. Jules Simon.

« Il y a, dit-il, dans notre organisation économique un vice « terrible qui est le générateur de la misère et qu'il faut vaincre « à tout prix, si l'on ne veut pas périr : c'est la suppression de la « vie de famille (1). »

Mais comment reconstituer la famille sans lui assurer d'abord un foyer?...

Sans doute, il ne suffit pas, pour que la famille renaisse et pour qu'elle remplisse toute sa fonction, de lui procurer un abri. Dans la classe ouvrière, autant qu'ailleurs, ce qu'il convient de restaurer, ce sont les mœurs elles-mêmes et, pour cela, l'idéal suprême que reflètent les mœurs. Mais on ne saurait nier que l'habitation ait une influence considérable sur le développement moral de la famille et, par une conséquence immédiate, sur le développement du corps social (2).

(1) M. Jules Simon n'est pas le seul, évidemment, qui ait constaté ce douloureux état de choses ; mais il en a le plus clairement marqué la cause, et son livre « *L'Ouvrière* », dont la première édition est de 1861, a provoqué un véritable mouvement de l'opinion publique. De lui encore, cette parole qui est une sorte de résumé, profond et clair, de toutes les enquêtes sur les misères de la famille ouvrière : « Le logement hideux est le pourvoyeur du cabaret. »

Cependant, nous ne pourrions sans injustice nous dispenser de rappeler le bel ouvrage de M. Villermé : *Tableau de l'état moral et physique des ouvriers* (Paris, 1840), et son étude *Sur les cités ouvrières*, publiée en 1849 dans les *Annales d'hygiène publique et de médecine légale*. — Après la Révolution de Février, les pouvoirs publics s'étaient vivement préoccupés du moyen d'améliorer les habitations ouvrières. Le décret des 13-19 juillet 1848, les propositions et rapports de M. de Melun et de M. de Riancey témoignent hautement des sentiments qui animaient alors le Gouvernement provisoire et l'Assemblée, et plus particulièrement la Commission « d'assistance et de prévoyance publiques. » — V. *Moniteur universel*, 1849, p. 4075.

(2) H. Baudrillart : « *L'amélioration des logements d'ouvriers dans ses rapports avec l'esprit de famille* », rapport à l'Académie des sciences morales et politiques, 1889 ; — Georges Picot : « *Des habitations à bon marché au point de vue moral* », rapport au Congrès international des habitations ouvrières, 1889.

Or, vous savez ce qui en est : — La mère appelée hors du logis par la nécessité de gagner le salaire qu'elle ne peut plus trouver qu'à l'usine, les enfants demeurés seuls, livrés à tous les dangers et à tous les entraînements de la rue, le ménage à l'abandon, les aliments mal préparés, dans la hâte et la fatigue du retour, une chambre unique où couchent sept ou huit personnes entassées, les sexes confondus, l'atmosphère empestée, voilà pour un nombre immense de familles ouvrières les conditions ordinaires de la vie.

Vous savez en particulier ce que valent, au point de vue de l'hygiène, comme au point de vue de la moralité, les chambres d'hôtel garni dans les quartiers pauvres de Paris et quel est le taux du loyer prélevé sur la misère et l'imprévoyance par la cupidité de certains gérants ou principaux locataires d'immeubles.

Déjà de grands efforts ont été tentés pour prévenir le mal ou pour en diminuer l'étendue.

Dès 1810, à Hornu, M. de Gorge-Legrand faisait construire un certain nombre d'habitations (1) pour les ouvriers mineurs de sa région. C'est de 1835 que datent les premiers essais de M. André Koechlin, maire de Mulhouse.

Quelques années plus tard, sous la généreuse impulsion du prince Albert, en Angleterre, et de M. Jean Dollfus, dans notre Alsace, le mouvement prenait une grande extension.

Des milliers de petites maisons, la plupart avec un jardin, s'élevèrent de toutes parts : — Ce sont les maisons de la *Société mulhousienne des cités ouvrières* (2), celles de la *Société lié-*

(1) Leur nombre s'élève actuellement à 500 environ.

(2) « Le capital originaire de la société était de 355.000 francs. Avec cette somme, rapportant aux 71 actionnaires un intérêt maximum de 4 °/₀ qui leur a été régulièrement distribué, elle a construit, de 1854 à 1888, 1.124 maisons, valant 3.485.275 francs. — Par un système habile d'amortissement, les locataires devenaient propriétaires de leurs maisons ; les payements fractionnés étaient répartis sur une période de quinze années et versés avec le montant des loyers. En 1888, les locataires avaient payé 1.584.020 francs, et ne devaient plus que 124.949 francs, Ainsi l'opération financière avait pleinement réussi.

« Le type préféré qui a conservé le nom de *type mulhousien* réunit les maisons par groupe de quatre, au milieu d'un jardin partagé en quatre parties égales, pour que chacun en ait sa part exclusive. Chaque famille possède ainsi un angle de maison avec deux façades, ce qui permet des ouvertures de deux côtés et rend les logements plus sains et plus gais. La surface d'une maison est de 40 mètres carrés et le jardin en a 120. Au-dessus d'une cave s'élèvent un rez-de-chaussée, comprenant une chambre et une cuisine, et un

geoise (1) et du *Bureau de bienfaisance* de Wavre (2), celles de la *Société des habitations ouvrières de Passy-Auteuil*, créée par MM. Dietz-Monnin, Meyer et Émile Cacheux (3), celles de la *Société des maisons ouvrières d'Amiens*, celles de la *Société hâvraise*, dont le succès a dépassé toutes les espérances de ses fondateurs (4), celles de la *Société immobilière des petits logements de Rouen*, tant d'autres encore... — et dans un ordre d'idées quelque peu différent, celles de Baccarat, de Noisiel, de Varangeville, de la Vieille-Montagne, de Mariemont et Bascoup, etc., etc., spécialement affectées aux ouvriers de telle ou telle industrie.

étage divisé en deux chambres. Le prix de revient du groupe était en 1864 de 9.666 francs, soit 2.491 fr., 50 par maison. Le loyer est de 187 fr., 50 par an. En payant 6 francs de plus par mois, le locataire devient propriétaire en quinze années. » — Rapport de M. Georges Picot, Exposition universelle de 1889, groupe de l'Économie sociale, t. II, p. 197.

(1) Cette Société avait construit, de 1867 à 1889, dans les divers quartiers de Liège, 431 maisons, contenant 3.017 personnes. « Loyers et annuités varient de 560 à 1.100 francs. On devient propriétaire en une quinzaine d'années. La Société a dépensé près de 3 millions ; 2.250.000 francs sont déjà rentrés dans ses caisses et elle distribue un dividende de 2,50 %. » — (*Loc. cit.*, p. 199).

(2) Avant lui, le bureau de bienfaisance de Nivelle avait construit, en 1859, douze maisons dont les locataires, en 1884, reçurent les titres de propriétés, gagnés par quinze années d'économie, dans une cérémonie solennelle, présidée par le bourgmestre. — « Le bureau de bienfaisance de Wavre ne s'est pas borné à construire, de 1869 à 1882, 50 maisons fort complètes qui lui reviennent au prix de 1.600 à 1.700 francs. Il a ajouté aux combinaisons ordinaires, destinées à rendre l'ouvrier propriétaire, un système nouveau de reconstitution du capital primitif. Le taux du loyer exigé du locataire est égal à celui que tout locataire paye à Wavre, soit 122 francs par an ; le bureau touche l'intérêt à 4 % du capital engagé, c'est-à-dire 64 francs, et verse à la Caisse d'épargne, à un compte spécial, la somme annuelle de 58 francs qui, en vingt ans, reconstitue le capital. L'ouvrier qui arrive à la propriété sans supporter une charge plus lourde que ses voisins, jouit profondément de son habitation et du jardin assez étendu qui y est joint. »

(3) Cette société, constituée en 1882, au capital de 200.000 francs, possède aujourd'hui 67 maisons, dont l'ensemble est connu sous le nom de Villa Mulhouse. Elle a été successivement présidée par MM. Dietz-Monnin (jusqu'en 1890), par M. Jules Siegfried (de 1890 à 1893), et par M. E. Cheysson (depuis 1893).

(4) « C'est avec la société hâvraise des maisons ouvrières que nous trouvons le succès le plus complet qui, en France, ait couronné en ce genre l'effort de nos constructeurs. Avec un capital restreint (200.000 fr.), 117 maisons ont été élevées moyennant 550.000 francs. Grâce au prix du loyer qui représente avec l'amortissement 10 % de la valeur de la maison, soit 300 à 600 francs, la propriété est acquise en quatorze ans. Depuis 1872, telle a été la gestion

L'historique de ce grand mouvement social, tout à l'honneur de l'initiative patronale et bourgeoise, a été retracé dans un magnifique langage par M. Georges Picot, rapporteur de la onzième section du groupe de l'Économie sociale à l'Exposition universelle de 1889. Nous ne pensons pas qu'il soit nécessaire d'y insister davantage.

Pour les maisons à étages, la réforme n'a commencé que plus tard. Le signal nous est venu d'Angleterre, où M. Gatliff et l'*Association métropolitaine*, Sir Sidney Waterlow et la *Compagnie des habitations ouvrières améliorées* (1) ont su triompher des préjugés les plus tenaces et des difficultés matérielles les plus redoutables.

II.

Nous touchons ici à quelque chose de si nouveau et, selon nous, de si intéressant qu'il faut s'y arrêter un moment.

Tout le monde convient que l'habitation par excellence, pour les pauvres comme pour les riches, est la maison individuelle. Mais il est évident que la densité prodigieuse de la population

de l'entreprise que l'intérêt de 4 %, maximum fixé par les fondateurs, a été payé chaque année aux actionnaires ». — G. Picot, *cod. loc.*, p. 201.

(1) *The improved industrial dwellings company.* — « Le but poursuivi par les fondateurs fut de créer des logements aussi séduisants que possible, afin que les locataires fussent amenés à être fiers de leur intérieur et à puiser dans leur habitation cette dignité, ce respect d'eux-mêmes qui est le fondement de tout progrès moral. Aussi le caractère dominant de ces habitations a-t-il été de ménager, sous la clef du locataire, une satisfaction à tous les besoins que d'autres sociétés de construction ont mis en commun, tels que lavoirs, water-closets, dépendances diverses... — Les terrains ont été choisis aussi près que possible des centres de travail. Outre l'économie de temps et de transport, l'ouvrier trouve un grand avantage à revenir prendre ses repas chez lui et à ne pas aller manger au cabaret. Il faut également tenir grand compte des facilités qu'offrent, pour l'alimentation, les marchés du centre dont l'approvisionnement est plus abondant et les cours plus bas... — De forme extérieure très diverse suivant la configuration du terrain, comprenant les unes 20 logements seulement, les autres jusqu'à 1.000 familles, les constructions élevées par sir Sidney Waterlow ont un plan commun : les corridors, quels qu'ils soient, sont proscrits. L'escalier, éclairé par de larges baies, laisse passer l'air et la lumière. Les logements donnent directement sur le palier par des portes en tout semblables aux portes des maisons de Londres. Chaque logement satisfait à toutes les nécessités de la vie. Les murs sont tapissés de papiers, l'aspect est riant et toutes les conditions de l'hygiène sont strictement observées; les chambres sont largement aérées, la ventilation y est ménagée avec soin. » — *Ibid.*, p. 209.

dans nos grandes villes est un sérieux obstacle à la réalisation de cet idéal (1).

Que l'on construise donc de petites maisons partout où cela sera possible, auprès des manufactures qui disposent de grandes étendues de terrain, à la périphérie ou dans la banlieue des villes, lorsque les moyens de communication sont assez faciles et assez multipliés, cela va de soi ; mais, au cœur de l'agglomération urbaine, il faut que l'on se résigne à recourir à l'emploi de maisons collectives, dès qu'elles offrent aux ménages ouvriers des logements salubres et à bas prix. Ce sont des maisons à étages que l'on bâtit dans les villes industrielles et dans les grands centres ; longtemps encore on bâtira de la sorte.

Il est permis aussi de regretter que ces maisons soient exclusivement à l'usage des ouvriers et ressemblent si peu à celles de l'ancien Paris dans lesquelles on voyait, quel que fût le quartier, l'image réduite mais fidèle des divers échelons de la société : au premier, la demeure somptueuse du financier ; au second et au troisième étages, l'intérieur confortable du bourgeois ; au quatrième, les chambres modestes des employés et sous le toit enfin les mansardes des ouvriers.

La structure de ces vieilles maisons permettait le rapprochement des conditions les plus diverses ; un échange incessant de services, un courant de sympathie véritable s'établissait entre tous les habitants ; les plus riches étaient inclinés à moins de dédain, les plus pauvres à moins d'envie. François Miron, prévôt des marchands, avait donc raison de dire à Henri IV : « C'est une malheureuse idée de bastir des quartiers à usage exclusif d'artisans et d'ouvriers. Il ne faut pas que les petits soient d'un costé et les gros et dodus de l'autre. »

Mais le moyen de revenir aujourd'hui au Paris du XVIe siècle !... L'escalier de service et l'ascenseur ont supprimé la vieille maison

(1) Ce n'est pas tout non plus de rendre l'ouvrier propriétaire de sa maison ; car, au lendemain de l'acquisition, il peut en abuser, y établir un débit de boissons, la sous-louer en garni, la faire passer entre les mains d'un possesseur indigne. Ce danger, qui est le risque inévitable et comme la rançon du droit de libre propriété, ne conclut pas contre l'excellence de la réforme entreprise ; il démontre seulement qu'il faut compter ici, non sur la contrainte extérieure, mais sur la pratique des vertus dont le foyer reconstitué sera l'inspirateur, et sur le sentiment de la responsabilité que l'exercice même du droit de propriété réveillera dans les âmes. Les questions sociales ne sont autres que des questions morales.

patriarcale et accentué la différence des quartiers. Il faut encore se résigner à ce nouvel état de choses et trouver de nouvelles combinaisons.

Comme en pareille matière rien ne vaut les leçons de l'expérience, voyons ce qui a été fait à Lyon par l'initiative individuelle.

En 1886, MM. Félix et Lucien Mangini, Édouard Aynard et Joseph Gillet, formaient entre eux une société civile au capital de 200.000 francs et, sur la foi d'une enquête très soigneusement faite, qui leur avait désigné le quartier de la Mouche comme le plus dépourvu d'habitations saines et à bon marché, ils achetaient un terrain de 1.060 mètres, au prix de 27f,38 le mètre carré, tous frais compris. Ce terrain devait porter un premier groupe de cinq maisons; la construction en fut immédiatement commencée.

Ces maisons sont en maçonnerie de moellons depuis les fondations jusqu'au-dessus du rez-de-chaussée et, plus haut, en béton de mâchefer soigneusement crépi en mortier de chaux hydraulique. Les encadrements des portes et fenêtres, ainsi que le cordon placé au-dessus du rez-de-chaussée sont en ciment; il en est de même du sol des allées conduisant à l'escalier et des parois intérieures de ces allées jusqu'à une hauteur de 1m,50; la corniche est en pierre de taille.

Chaque maison a quatre étages au-dessus du rez-de-chaussée. A chaque étage : deux ou trois logements composés de deux, trois ou quatre pièces, outre une petite antichambre et un cabinet d'aisances. Pour quelques-uns cependant, le cabinet d'aisances est commun avec le logement voisin. En outre, chaque logement donne droit à une cave.

Les planchers sont en fer; les chambres, parquetées en chêne (1) ; le sol des cuisines est carrelé. Une chambre au moins par logement a une cheminée de marbre et un placard. Les murs sont tapissés de papiers de couleur; ceux des cuisines sont badi-

(1) « Malgré un supplément de dépense que l'on peut évaluer à 4 francs par mètre superficiel, nous n'avons pas hésité à employer partout des parquets en lames de chêne. Le sapin présente, en effet, dans les petits logements plus encore qu'ailleurs, de grands inconvénients, dont le moindre est peut-être son peu de durée. Ce bois s'exfolie et peut alors blesser les enfants qui passent une grande partie de leur existence sur le plancher, sans avoir jamais de tapis pour les protéger. A cause de sa porosité, de son peu de densité, le sapin se tache facilement; il ne peut être ensuite nettoyé et, au bout de peu de

geonnés. Dans chaque cuisine est un fourneau maçonné avec bain-marie, étuve et four, un évier, une planche à batterie de cuisine, un placard et un coffre à charbon.

La hauteur des logements varie de 3m,34 au rez-de-chaussée à 2m,70 au quatrième; la superficie, de 22mq,54 à 50mq,38.

Les cours sont asphaltées et pourvues de lavoirs; des trottoirs bitumés longent les façades; les eaux ménagères vont directement à l'égout.

Ainsi construites et aménagées, les cinq maisons de la Guillotière ont coûté. 143.539f,61

En ajoutant à ce chiffre celui de l'acquisition du terrain, ci. 29.024 75

Et celui des trottoirs, cours et accessoires, ci. . . 5.538 64

On arrive au total de. . . . . 178.100f »

Chacune d'elles revient donc à. . . . . 35.620f »

et, comme il y a douze logements par maison, le prix moyen du logement est de 2.963 francs.

Mais il ne suffit pas de bâtir, il faut encore entretenir la maison, payer les impôts, constituer une réserve pour les non-valeurs possibles et les réparations imprévues; il faut enfin, — c'est le trait original et essentiel de l'affaire — rémunérer par un dividende suffisant le capital de premier établissement.

En effet, MM. Mangini, Aynard et Joseph Gillet, n'ont pas entendu faire acte de pure philanthropie; ils ont voulu, tout à la fois, procurer à des ménages ouvriers le bienfait d'une habitation saine et peu coûteuse et prouver que l'opération bien conçue et bien dirigée pouvait se suffire à elle-même.

Pour éviter tout reproche de spéculation et se garder en réalité, eux et leurs successeurs, de toute tentation de ce genre (1), ils ont dit dans leurs statuts que le dividende ne pourrait dépasser 4 %; mais leurs calculs ont été si exacts, leurs mesures si bien prises que cette limite a pu être atteinte, malgré l'extrême modicité des loyers.

temps il présente un aspect réellement malpropre. Cette malpropreté dont n'est pas cause le locataire nouveau, est loin de l'encourager à la bonne tenue de son appartement. Le bois de chêne n'a pas tous ces inconvénients. La plupart de nos locataires le cirent et donnent ainsi à leur intérieur un aspect de propreté qui fait plaisir à voir ». *Les petits logements dans les grandes villes, et particulièrement dans la ville de Lyon*, par F. Mangini (1891), p. 31.

(1) Voir ci-après, p. 151, note 2.

En effet, le loyer demandé avait été fixé en moyenne à 5 francs le mètre carré, soit :

Pour un logement de 3 pièces, ...de 174 à 258 francs.

Pour un logement de 2 pièces, ...de 96 à 132 francs.

Ces prix étaient, en définitive, inférieurs de 25 à 30 % à ceux des logements de même importance, mais beaucoup moins salubres, que l'on trouvait dans les maisons environnantes.

Les conséquences ne se firent pas attendre :

« Avant même que les divisions intérieures ne fussent terminées, dit M. Mangini, on nous demandait deux fois plus de logements que nous ne pouvions en offrir; cette affluence nous permettait de choisir nos locataires et de n'admettre que des familles honnêtes et laborieuses. Les cinq maisons furent entièrement promises d'avance et sans qu'il y ait eu besoin de placer un seul écriteau (1). »

A la fin de la première année, sur un chiffre total de loyers de.	12.049f,20
la perte subie pour non-valeurs n'était que de 2 % (2), soit.	247 00
En déduisant de la recette brute, ci.	11.801f,45
le montant des dépenses effectuées, ci	2.034 06
On obtenait un produit net, de	9.767f,39

(1) « Nous ne pouvons oublier, ajoute M. Mangini, l'étonnement de certains locataires lorsqu'on leur indiquait le prix demandé pour un appartement relativement vaste, indépendant, bien aéré. Lorsqu'ils voyaient ces parquets cirés, ces murs garnis de joli papier, c'était une joie véritable qu'ils ne cherchaient pas à dissimuler sachant qu'ils n'avaient pas à redouter une augmentation. » *Ibid.*, p. 45.

(2) « Avec tous nos locataires nous avons fait des baux de trois ans. Cette obligation nous paraît bien nécessaire. Sans elle, l'ouvrier qui ne possède, la plupart du temps, qu'un mobilier absolument élémentaire, ne craint pas de déménager, souvent sous un petit prétexte. Il quitte un appartement qu'il a sali et occasionne ainsi au propriétaire des frais relativement élevés. Avec un bail, cela ne peut avoir lieu, et s'il arrive qu'un changement dans le travail oblige l'ouvrier à se déplacer, le propriétaire doit toujours y consentir, sous peine de voir ses locataires en retard dans leurs paiements. Au début, nos locataires hésitaient à s'engager par un bail; mais au bout de quelque temps, nous l'avons remarqué, beaucoup éprouvaient une certaine satisfaction d'amour-propre; ils se sentaient mieux chez eux, sachant que s'ils étaient liés, nous l'étions aussi, et que nous ne pouvions les déplacer suivant notre bon plaisir comme cela arrive souvent dans les locations ouvrières.

« Le payement est exigé chaque mois. Ceci est de la plus haute importance dans l'intérêt de tout le monde ». — *Ibid.*, p. 45-46.

Report.	9.767f,39
Le dividende de 4 % qui revenait aux associés, à raison de 178.100 francs de capital immobilisé, étant de	7.124 04
Il restait à la réserve, en fin d'exercice, une somme disponible de.	2.643f,35

soit 44f,05, par logement (1).

L'expérience était décisive. — MM. Mangini, Aynard et Gillet formèrent alors (1888) une société anonyme au capital de 1 million; la moitié des actions furent souscrites par la Caisse d'épargne de Lyon et du Rhône (2). En 1890, le capital fut doublé, la Caisse d'épargne doublant elle-même sa participation; puis, en 1892 et 1894, il fut porté successivement à 3 et à 4 millions.

A ces augmentations de capital correspondait un égal développement des constructions.

Et voici, d'après le dernier rapport du conseil d'administration, présenté le 9 avril 1894 à l'assemblée générale des actionnaires, les résultats obtenus: — 73 maisons, formant 835 logements sont en valeur et donnent un revenu effectif de 147.162f,50. Il n'y a sur les loyers dus qu'une perte insignifiante de 720 francs. — Tous frais déduits, il reste un bénéfice net de 95.039f,44, dont 80.219f,26 sont affectés au payement du dividende de 4 %, et 14.820f,18 portés aux réserves (3).

Du reste, ce mouvement ascendant n'est pas près de se ralentir: 15 maisons nouvelles, comprenant 214 logements, ont été con-

(1) Ce chiffre doit être abaissé à 30 fr. 70 par logement, si l'on fait entrer dans les calculs la charge annuelle résultant de l'impôt de la propriété bâtie dont les construction sneuves sont exemptées durant les deux premières années.

(2) Voici dans quel but élevé le concours de la caisse d'épargne fut recherché par MM. Mangini et leurs collaborateurs: « Nous allions construire principalement dans le nouveau Lyon, dans cette partie de la ville, née d'hier, mais qui se développe tous les jours d'une façon extraordinairement rapide. Les maisons ne tarderont pas à augmenter de valeur; l'actif de la Société, peut être doublé dans un temps relativement court. Nos successeurs ne pourraient-ils pas être tentés par ce gros bénéfice? Un vote d'assemblée générale ne risquerait-il pas de faire dévier l'œuvre de sa véritable voie? Avec la caisse d'épargne rien de cela n'est à redouter. Le but philanthropique sera toujours poursuivi, quelle que soit la plus-value que puissent acquérir les immeubles de la société. » — *Ibid.*, p. 52-53.

(3) *La Société anonyme des logements économiques de Lyon*, rapport présenté par notre collègue, M. Alphonse Gourd, au Congrès de la propriété bâtie de France (Lyon, 1894).

struites en 1894, de sorte qu'au 1er janvier 1895, la Société possédait 88 maisons et offrait à sa modeste clientèle 1.049 logements (1).

Est-il besoin d'ajouter que de pareils résultats ne peuvent être obtenus qu'à force d'intelligence et de dévouement? Si l'esprit d'entreprise a groupé les capitaux nécessaires et multiplié les constructions, c'est l'esprit de charité qui a posé la première pierre.

III.

Je me suis arrêté trop longtemps peut-être à la monographie de la Société des logements économiques de Lyon. Il ne faudrait pas croire, en effet, qu'elle soit seule en France à procéder par voie de location et qu'elle seule ait réussi.

Avant elle, une initiative généreuse s'était produite à Rouen, et des résultats remarquables avaient été obtenus; les noms de MM. Lecœur et Le Picard doivent être mis de pair avec ceux que nous avons cités tout à l'heure.

A Paris, la *Société philanthropique*, recueillant une somme de 750.000 francs due à la générosité de MM. Michel et Armand Heine, commençait, en 1888, la construction de trois maisons ouvrières, rue Jeanne-d'Arc, boulevard de Grenelle et avenue de Saint-Mandé : au total 137 logements. — La fondation Gouin, de date plus récente, a permis à la même Société d'ouvrir de nouveaux chantiers aux portes de Paris. L'inauguration des deux premières maisons de ce groupe, rue d'Alsace, 23 et 25, à Clichy, a eu lieu sous la présidence de M. le prince d'Arenberg, le 24 novembre dernier. Ces deux maisons contiennent 64 logements, dont le prix de location est de 150 à 300 francs.

Bien que les fonds de premier établissement des maisons de la Société philanthropique soient dus à de pures libéralités, l'entreprise n'en est pas moins conçue d'une façon rigoureusement commerciale : les loyers encaissés donnent, tous frais déduits, un certain bénéfice qui reconstitue peu à peu le fonds primitif (2),

(1) Sur ces 1.049 logements il y en a 25 qui sont d'un prix un peu supérieur et qui sont destinés particulièrement aux employés d'administration, contremaîtres, petits industriels et petits commerçants; elles forment un groupe de deux maisons, situées place du Pont, à la Guillotière.

(2) C'est ainsi que la fondation Peabody, à Londres, s'est développée de la

de manière à permettre la construction de nouvelles maisons. D'après les rapports annuels présentés par M. Georges Picot, président de la commission, ce bénéfice net oscille entre 2,62 et 3,99 °/₀ du capital employé.

A Marseille, la *Société des habitations salubres et à bon marché*, fondée en 1889 sur l'initiative de M. Rostand, président de la Caisse d'épargne des Bouches-du-Rhône, a créé trois groupes de maisons (aux Catalans, à la Belle-de-Mai et à la Madrague), répondant aux besoins des conditions les plus diverses, depuis les ouvriers les plus pauvres jusqu'à ceux dont le salaire suffisant et régulier justifie d'assez grandes exigences, au point de vue du confortable de l'habitation. Ces trois groupes comprennent ensemble 102 logements. Il résulte du dernier rapport du conseil d'administration que le dividende attribué aux actionnaires de la Société s'est élevé à 3,75 °/₀. Les logements sont toujours occupés; et le rapporteur ajoute, avec une joie bien légitime : « Nous n'avons pas un centime de non-valeur! »

Il est donc démontré par l'expérience que l'édification de maisons salubres et d'un loyer modique peut être une opération commercialement bonne, donnant des revenus modestes, mais sûrs. Il suffit, pour y réussir, de posséder des connaissances techniques suffisantes.

Il faut aussi vouloir!

Or, il n'est que trop certain que, jusqu'à ce jour, l'opinion publique est restée très indifférente et les capitalistes très défiants. Alors qu'en Angleterre les *building societies* ont remué plus d'un milliard et demi de francs et transformé l'habitation de plus de 500.000 familles (1), c'est à peine si les opérations des sociétés françaises de construction ont atteint le chiffre de 10 millions.

façon la plus heureuse. Le capital légué (en 1865) s'élevait à 12 millions 1/2 de francs; actuellement le revenu net annuel des immeubles atteint près d'un million, « ce qui permet de prévoir dans l'avenir l'extension presque indéfinie qu'avait souhaitée le généreux donateur ». — Voir, dans le *Bulletin de la Société française des habitations à bon marché*, t. II, p. 185, la notice de M. Antony Roulliet.

(1) V. les *Sociétés de construction à l'étranger*, rapport présenté par M. A. Raffalowich au Congrès de la propriété bâtie (Lyon, 1894). — D'après M. John Malcolm Ludlow, *chief registrar of friendly societies*, les *building societies* seraient principalement des sociétés de spéculation (Mémoire présenté au Congrès des associations de prévoyance en 1878). — V. aussi l'étude de M. Hubert-Valleroux sur les diverses législations concernant les sociétés coopératives. (*Bulletin de la société de législation comparée*, 1891, p. 245.)

Il n'est pas moins certain que l'état du logement de la classe ouvrière est resté généralement très mauvais et qu'il contribue pour une large part à la démoralisation générale.

IV.

Cette évidente disproportion entre le mal qu'il s'agit de vaincre et les remèdes qu'on lui oppose devait naturellement faire naître la pensée de solliciter le concours de l'État.

On ne pouvait, bien entendu, lui demander de construire lui-même des habitations, ni même réclamer de lui des subventions directes en faveur des constructeurs. Ainsi que l'a dit M. Georges Picot, « la subvention donnée par l'État, par les départements ou par les communes, pourrait peut-être assurer le succès d'*une* maison, d'*une* société; mais, à ce prix, on est certain de paralyser dans la région toute action libre, les capitaux privés n'entrant jamais en concurrence avec une œuvre privilégiée. Non seulement l'aide officielle est mortelle à l'initiative, mais elle corrompt l'ouvrier, en lui faisant croire que les pouvoirs publics peuvent se charger de son logement, ce qu'ils seraient incapables de faire sans ruine. »

Ce que les pouvoirs publics peuvent faire, au contraire, c'est orienter l'opinion vers les solutions entrevues, donner une impulsion, provoquer une émulation généreuse.

Tel fut précisément le but des deux lois, belge et française, que nous avons à examiner et dont voici d'abord la genèse.

En Belgique, à la suite de la double enquête poursuivie par la Commission du travail et par la Commission supérieure d'hygiène, un projet de loi fut déposé, le 28 mars 1888, par M. Beernaert, ministre des finances. M. Mélot, député de Namur, en fut le rapporteur au nom de la section centrale. Après discussions approfondies dans les deux chambres, la loi fut promulguée le 9 août 1889.

En France, la loi du 30 novembre 1894 n'est pas d'origine gouvernementale.

Au lendemain de l'Exposition universelle de 1889, les hommes qui avaient assuré le succès du groupe de l'économie sociale voulurent demeurer unis, afin de continuer leur œuvre et de donner un point d'appui aux efforts de l'initiative individuelle, dont ils avaient apprécié l'importance. Ils fondèrent donc la *Société fran-*

çaise des habitations à bon marché qui fut bientôt reconnue d'utilité publique, par décret du 29 mars 1890.

Pure société d'études et de propagande, cette Société, présidée d'abord par M. Jules Siegfried, puis par M. Georges Picot, a fait rayonner au loin l'idée de la réforme sociale par la réforme du logement; elle a suscité de nouvelles tentatives et contribué à la formation d'un certain nombre de sociétés de construction. Elle s'est occupée en même temps de formuler un avant-projet qui pût servir de base aux délibérations du Parlement.

Le texte ainsi préparé fut proposé à l'examen de la Chambre, par M. Siegfried, le 5 mars 1892 et, sur la demande du Gouvernement, renvoyé au Conseil supérieur du travail qui l'adopta, sous réserve de quelques modifications secondaires (1). Le vote de la Chambre lui fut également favorable.

Au Sénat, le projet rencontra plus d'opposition. On lui reprochait d'être à quelques égards chimérique, de subordonner l'initiative individuelle à l'action des pouvoirs administratifs, d'engager les caisses d'épargne — nous y reviendrons tout à l'heure — dans une voie dangereuse. On lui reprochait enfin d'être une loi de privilège en faveur de certaines catégories de personnes, ses dispositions ne devant profiter qu'aux ouvriers, artisans et employés.

(1) Séances des 22 et 29 juin 1892. — La très grande majorité des membres du Conseil supérieur du travail se sont montrés favorables à la proposition. Cependant quelques objections ont été faites, au point de vue de la dépendance dans laquelle peuvent se trouver les ouvriers qui acquièrent par annuités la propriété de petites maisons construites par leurs patrons. Il a été répondu que la liberté de l'ouvrier n'était pas à la merci de telles entreprises; que, d'ailleurs, il ne s'agissait de contraindre personne à devenir propriétaire et qu'on ne pouvait refuser aux contractants — ouvriers ou patrons — le libre exercice de leurs droits individuels; qu'enfin la proposition était conçue dans un sens favorable à la constitution de sociétés coopératives. A ce dernier point de vue, et pour bien marquer ses préférences, le Conseil a émis le vœu « que les pouvoirs publics encouragent, par tous les moyens dont ils disposent, les sociétés coopératives qui entreprendraient de construire des maisons à bon marché ».

D'autre part, sur la remarque faite par M. Keüfer, le Conseil, « frappé des inconvénients qui résultent au point de vue social et moral de l'agglomération de maisons ou logements ouvriers », a émis le vœu « que les habitations ouvrières soient en général construites, en ce qui concerne les maisons individuelles, par petits groupes isolés, répartis sur divers points de la commune, et, en ce qui concerne les maisons collectives ou cités, en construction ne comprenant qu'un petit nombre de logements d'importance variée ».

Sur ce dernier point, le projet voté par la Chambre fut amendé de la façon la plus heureuse. Il fut décidé que l'application des dispositions légales dépendrait uniquement de l'importance relative de l'habitation, quelle que fût la condition sociale ou la profession de celui qui l'occupe.

Cette modification est d'autant plus remarquable que la loi belge, au contraire, réserve ses faveurs aux *ouvriers* proprement dits (1), c'est-à-dire à ceux qui, vivant de leur salaire, travaillent de leurs mains pour autrui (2).

V.

Les innovations réalisées par les lois de 1889 et de 1894 peuvent se rattacher à cinq chefs principaux :

1° Création de Comités de patronage ayant pour but d'encourager la construction de maisons salubres et à bon marché;

2° Exemptions ou réductions d'impôts;

3° Autorisation donnée à certaines caisses publiques, ou contrôlées par l'autorité publique, de consentir des avances aux sociétés de construction ou de crédit;

4° Facilités accordées aux opérations d'assurance sur la vie qui ont pour objet de garantir le remboursement des prêts destinés à l'achat ou à la construction d'une habitation.

5° Modifications au Code civil en matière de partage.

(1) Cette disposition a fait l'objet de discussions très vives devant les Chambres belges, mais la distinction a été rigoureusement maintenue dans le texte de la loi. Dans l'application, elle a donné lieu à des difficultés nombreuses entre les Comités de patronage et le fisc. Le Congrès d'Anvers (juin-juillet 1894) a émis le vœu que la *qualité de la maison* fût substituée à celle de l'occupant. — V. *Bulletin de la Société française des habitations à bon marché*, 1894, p. 322.

(2) Cela, sans distinguer entre le travail agricole et le travail industriel. Il importe peu, d'ailleurs, que l'ouvrier travaille *chez lui*, et non pas à l'atelier, pourvu qu'il travaille *exclusivement* pour le compte d'un patron. Sont admis aussi à bénéficier des dispositions de la loi : 1° l'épouse de l'ouvrier, si elle n'exerce pas de profession personnelle; la veuve ou la fille, n'ayant pas d'autre état que celui de ménagère d'une famille d'ouvriers; 2° les anciens ouvriers, que l'âge ou les infirmités ont rendus incapables de travail. — En sont exclus, au contraire : 1° les ouvriers qui tiennent par eux-mêmes, leur femme ou leurs enfants, un débit, une boutique, exercent ou font exercer une profession quelconque; 2° les artisans proprement dits, c'est-à-dire tous individus qui travaillent chez eux directement pour le

VI.

L'idée de la constitution de *Comités de patronage* est proprement d'origine belge.

« Telle que je la conçois, disait M. Beernaert, ministre des finances, la tâche de ces comités de patronage serait très grande, très haute, et faite pour séduire les premiers parmi nous et les plus illustres.

« Ces comités concentreraient, en quelque sorte, le soin des intérêts ouvriers sous leurs divers aspects; ils auraient à favoriser la construction de maisons ouvrières et surtout les combinaisons les plus propres à rendre l'ouvrier propriétaire de son habitation. Ils auraient le contrôle de la salubrité, de l'hygiène et de la propreté; ils les encourageraient par des prix. Ils auraient à favoriser et à stimuler le développement de l'épargne; ils auraient, continuant une tâche déjà excellemment commencée (1), à faire de la propagande pour le développement des sociétés de secours mutuels. Ils en feraient aussi, et cela est vraiment indispensable, en vue de l'affiliation des ouvriers à la caisse de retraite ».

Et, citant l'exemple des associations libres qui se sont fondées à New-York et à Londres et dont l'influence morale est si grande, il faisait un chaleureux appel à l'esprit de dévouement et de charité (2).

consommateur, auquel ils cèdent, sans intermédiaire, le produit de leur travail; les contremaîtres, maîtres-ouvriers ou porions des charbonnages, etc..., tous ceux, en un mot, qui occupent un rang supérieur à celui d'un *simple ouvrier;* 4° les employés, soit des administrations publiques (facteurs des postes, gardes champêtres, cantonniers...), soit des sociétés privées ou des particuliers (commis de magasin, conducteurs de travaux, etc....); 5° les individus qui, à raison de l'importance des immeubles qu'ils possèdent ou qu'ils occupent, cessent d'appartenir à la classe ouvrière pour rentrer dans celle des propriétaires ou cultivateurs. — Circulaire du ministre des finances du 20 mars 1894.

(1) Arrêté du 2 août 1887, instituant des comités provinciaux de propagande pour les sociétés de secours mutuels.

(2) Cet appel a été entendu et les divers partis qui se disputent le pouvoir rivalisent de zèle en faveur des habitations ouvrières. Le succès et l'éclat du Congrès d'Anvers en ont témoigné hautement :

« La réunion du Congrès, dit M. Raffalovich, s'est faite avec solennité dans le palais du gouverneur de la province. La séance d'ouverture a été présidée par M. de Bruyn, ministre de l'industrie, qui a prononcé une allocution

De son côté, M. Lammens, sénateur, donnant une adhésion sans réserve au projet du gouvernement, la motivait en ces termes :

« Sans doute, il ne faut pas s'exagérer l'importance de l'institution nouvelle : elle ne vaudra quelque chose que par la valeur des hommes qui seront appelés à la mettre en action. L'État est impuissant à créer des dévouements ; mais il peut fournir à ceux-ci l'occasion de se produire et de s'exercer utilement au profit des classes souffrantes. C'est le but qu'il se propose par l'organisation des comités de patronage...

« Si, comme il faut l'espérer, les membres de ces comités, uniquement guidés par leur dévouement à la chose publique et se plaçant en dehors de misérables questions d'influence politique ou électorale, viennent proposer des solutions toutes favorables aux intérêts des classes laborieuses, j'ai la confiance qu'ils seront écoutés avec bienveillance par les pouvoirs publics...

« En dehors des corps constitués, des administrations publiques, qui ne peuvent utiliser qu'un nombre restreint de citoyens, le gouvernement fait chose louable en appelant tous les hommes de bonne volonté à s'intéresser à la chose publique, à s'occuper plus activement des intérêts des classes laborieuses.

« En réunissant dans les comités de patronage des hommes que séparent, sur d'autres terrains, nos luttes politiques ; en appelant des ouvriers d'élite à y siéger et à y apporter leur bon sens

pleine de chaleur, montrant toute la sollicitude du gouvernement. A côté de lui étaient assis : le ministre des finances, M. de Smet de Naeyer, le cardinal-archevêque de Malines (Mgr Goossens), qui a recommandé l'œuvre des habitations ouvrières dans plusieurs lettres pastorales, des fonctionnaires supérieurs, et M. Hector Denis, professeur à l'Université de Bruxelles qui attirait l'attention par son masque de tribun. Les questions qui ont été soumises à l'examen du Congrès soit en séances plénières, soit en séances de sections, avaient fait l'objet de rapports fort étendus et qui ont eu l'avantage d'abréger la discussion. Les idées de modération et de bon sens m'ont paru prévaloir assez aisément, bien qu'il y ait eu des tentatives d'obtenir l'assentiment de l'assemblée à des motions peut-être aventureuses, comme la formation d'une fédération des Comités de patronage. Le défenseur de cette proposition était M. Hector Denis, dont on connaît les prédispositions socialistes et qui a exposé avec beaucoup de séduction les avantages de la centralisation des renseignements, des expériences, etc... Il a été combattu avec succès par un jeune professeur de l'Université de Liège, M. Mahaim, qui a fait ressortir les dangers d'une fédération pour le développement de l'autonomie locale des Comités de patronage et des sociétés de construction, les inconvénients d'une réglementation uniforme qu'on s'efforcerait d'imposer. »

et leur esprit pratique, le gouvernement contribuera à une œuvre d'apaisement social qui, dans les circonstances que nous traversons, peut produire d'heureux résultats ».

Les *comités locaux* institués par la loi française ont des attributions moins larges. Leur action se restreint à la seule question des habitations à bon marché ; mais, dans ce domaine, elle pourra se développer aussi librement (1) : les comités locaux feront des enquêtes, ouvriront des concours d'architecture, accorderont des encouragements pécuniaires, distribueront des prix d'ordre et de propreté et, d'une façon plus générale, provoqueront l'initiative des particuliers et des sociétés en faveur de la construction et de l'amélioration des petits logements (2).

Une seule chose leur est interdite : se charger eux-mêmes de construire.

Au point de vue de leur origine et de leur composition, les comités diffèrent également dans les deux législations : en Belgique, la majorité des membres est nommée par la députation perma-

(1) L'une et l'autre législations accordent aux Comités une personnalité civile restreinte. Ils pourront recevoir des subventions des pouvoirs publics, ainsi que des dons et legs, aux conditions prescrites par l'article 910 du Code civil ; mais, par crainte du développement de la mainmorte, la loi belge ne leur confère cette capacité que pour les dons et legs *mobiliers*, et la loi française dispose qu'ils ne pourront posséder d'autres immeubles que celui qui est nécessaire à leurs réunions.

Une opinion plus libérale avait été soutenue par M. Beernaert, ministre des finances : « Je tiens, dit-il, que nous exagérons la terreur que nous causent les personnes civiles. La vie de l'homme est courte, notre passage sur la terre est de peu de durée. Où trouver le moyen, dès lors, de faire de grandes choses, lorsqu'il faut se borner à l'effort de l'individu ? Dans bien des cas, l'action persistante d'un être moral est utile ; l'Angleterre, les États-Unis, les Pays-Bas, qui n'en ont pas la même peur que nous, s'en trouvent bien. »

(2) Il est plus d'un moyen de procurer l'amélioration des logements de la classe pauvre. Qui ne connaît aujourd'hui l'œuvre d'assainissement matériel et moral poursuivie par miss Octavia Hill dans les plus misérables quartiers de Londres ? — V. la très remarquable étude de M. Georges Picot : *Un devoir social et les logements d'ouvriers* (12e édition, 1885), p. 124 et suiv. — Il n'est pas même nécessaire, pour soumettre aux règles de l'hygiène les immeubles que l'on veut transformer, d'en acquérir la propriété ; il peut suffire bien souvent de les prendre en principale location, d'y faire les travaux nécessaires et de ne donner accès dans les logements assainis qu'à des familles honnêtes et soucieuses de la propreté. C'est ainsi, nous dit-on, que procède avec un plein succès l'*Union démocratique des Ardennes*, à Charleville. — De pareilles tentatives ne pourront manquer d'être encouragées par les Comités locaux.

nente du Conseil provincial; la minorité, par le Gouvernement. En France, on a établi diverses catégories d'éligibles, parmi lesquelles un tiers des membres est choisi par le Conseil général et les deux autres tiers par le préfet.

Mais, dira-t-on, pourquoi donner à ces comités un caractère officiel, puisque c'est précisément à l'esprit d'initiative que l'on veut faire appel? L'attache gouvernementale et administrative ne sera-t-elle pas un obstacle, plutôt qu'un stimulant, à l'effort charitable qu'on réclame de tous les bons citoyens?

La réponse est différente encore selon qu'il s'agit de la Belgique ou de la France.

En Belgique, en effet, les comités de patronage ont reçu certains pouvoirs qui supposent une délégation de l'autorité publique. C'est ainsi que l'avis favorable des comités est nécessaire, sauf recours au gouvernement, pour que les sociétés de construction puissent revêtir la forme anonyme ou coopérative et jouissent des faveurs fiscales accordées par la loi. De même encore, le bénéfice de la loi nouvelle étant exclusivement réservé aux ouvriers, les comités de patronage doivent certifier la qualité de la personne qui veut acquérir une habitation ou contracter un emprunt, ainsi que le caractère de l'opération. Enfin, la Caisse générale d'épargne et de retraite, dont nous aurons bientôt à parler, doit prendre leur avis au sujet des prêts qui lui sont demandés, de façon que le crédit qu'elle accorde ne soit pas détourné de son but.

En France, les mêmes considérations juridiques ne peuvent être invoquées; car les comités locaux n'ont pas de pouvoir propre et la loi de 1894 ne fait point acception de la qualité de l'occupant. La véritable raison est que le problème de l'habitation ouvrière, malgré sa haute importance sociale, est encore très peu connu et qu'il continuera longtemps encore de soulever dans le public des craintes et des préventions mal fondées. « L'existence d'un comité officiel, appuyant l'idée, la faisant sienne, la divulguant par les mille moyens dont dispose un corps légalement constitué, sera un moyen d'action des plus efficaces (1)... D'un autre côté, dit encore M. Siegfried, nous espérons que, dans un avenir très prochain, des sociétés coopératives de construction se créeront parmi les ouvriers français comme elles se sont créées en Angleterre, en Amérique, en Italie; pour ces groupes pleins de

(1) Exposé des motifs de la proposition de loi (Chambre, annexes 1892, n° 1940, p. 39).

bonne volonté, mais aussi d'inexpérience, le Comité sera un tuteur désintéressé, dont les bons conseils permettront d'éviter bien des fautes. »

Quoi qu'il en soit, la loi française prévoit qu'un ou plusieurs comités *pourront* être établis dans les divers départements. Ils seront sous la direction d'un *Conseil supérieur des habitations à bon marché*, institué auprès du ministre du commerce et de l'industrie, auquel ils devront adresser chaque année un rapport détaillé de leurs travaux (1).

En Belgique il en existe au moins un par chaque arrondissement (2); leur action est considérable et ne peut que grandir encore. Ces comités adressent un rapport annuel de leurs opérations au ministre de l'agriculture, de l'industrie et des travaux publics qui le communique au *Conseil supérieur d'hygiène* (3).

VII.

Comme on le sait de reste, les charges qui pèsent sur les contribuables à raison de l'habitation sont des plus lourdes. Lorsqu'il s'agit de maisons ouvrières, elles sont véritablement excessives.

Pour la France, en particulier, si l'on consulte les comptes d'exploitation dressés par les sociétés qui construisent et louent des maisons de ce genre, on voit que la contribution foncière, celle des portes et fenêtres, la taxe des biens de mainmorte et l'abonnement au timbre des actions prélèvent 15 à 17 °/₀ du revenu brut de leurs locations, soit 22 à 24 °/₀ du revenu net (4). Celles qui construisent pour vendre ont en outre à compter avec les droits de mutation afférents à l'acte qui est l'objet même de leur intervention : l'acquisition première de la maison par un ouvrier.

En présence de telles constatations, le législateur devait être

(1) Loi française, art. 14.

(2) Loi belge du 9 août 1889, art. 1er. — Ces comités étaient, en 1892, au nombre de 54.

(3) Même loi, art. 3. — Leur mode de fonctionnement et leurs relations avec le gouvernement, les administrations provinciales et communales et les commissions médicales, ont été déterminés par un règlement royal, dit *Règlement organique des comités de patronage*, du 7 juillet 1891.

(4) V. *Bulletin de la Société française des habitations à bon marché*, 1894, p. 251; — Rapport de M. Diancourt au Sénat, annexes 1893, n° 266, p. 22.

amené à consentir certaines exonérations ou atténuations d'impôts.

Ces atténuations sont multiples, comme les taxes elles-mêmes; il faut donc entrer dans quelques détails.

Pour ce qui concerne les contributions directes, nous avons à noter une première différence entre la loi belge et la loi française.

La loi belge procède par voie d'exemption permanente. L'exemption persiste, du moins, aussi longtemps que la maison est habitée par un ouvrier; elle s'applique à la contribution des portes et fenêtres et du mobilier, ainsi qu'à la contribution personnelle et à toute taxe provinciale ou communale analogue (1).

Dans la loi française, au contraire, l'exemption est purement temporaire et elle a le caractère d'une prime à la construction. Elle consiste dans la remise de la contribution foncière et de la contribution des portes et fenêtres durant cinq années, au lieu de deux, à partir de l'achèvement de la maison (2).

Quant aux droits d'enregistrement et de timbre, les deux législations sont plus dissemblables encore (3).

En Belgique, les droits de mutation ont été réduits de 50 % pour toutes ventes ou adjudications d'immeubles au profit des ouvriers ou au profit des sociétés de construction ou de crédit qui s'occupent exclusivement des habitations ouvrières.

(1) Loi du 9 août 1889, art. 10. — Les termes de cet article ont été quelque peu modifiés par une loi du 18 juillet 1893, qui admet les anciens ouvriers, incapables de travail, à bénéficier eux aussi de l'exemption de la contribution personnelle.

(2) Loi du 30 novembre 1894, art. 9. — La loi belge, au contraire, n'accorde aucune exonération d'impôt foncier. Et voici qui montrera la divergence absolue des deux législations : En vertu d'une loi du 28 mars 1828 (Belgique), les constructions nouvelles étaient exemptées de la contribution foncière *durant huit années*. La loi du 5 juillet 1871, art. 6, restreignit cette faveur aux seules maisons construites par des sociétés anonymes d'habitations ouvrières. L'article 20 de la loi du 9 août 1889 l'a supprimée même en ce cas; les habitations construites avant le 1er janvier 1889 continueront seules à en bénéficier. Le législateur belge a considéré, en effet, que cette exemption ne profitait qu'au propriétaire.

(3) Toutefois, des dispositions analogues se rencontrent dans les deux législations, en ce qui concerne l'exemption de timbre et l'enregistrement gratis des actes de constitution ou de dissolution des sociétés de construction ou de crédit. (Loi du 9 août 1889, art. 12 et 13; loi du 30 novembre 1894, art. 11.)

Le payement de ces droits peut s'effectuer en un certain nombre de fractions annuelles, cinq au maximum.

Les honoraires des notaires (depuis 1893) sont également réduits de moitié (1).

Ce n'est pas tout encore : des réductions analogues sont accordées aux ouvriers et aux sociétés de construction pour l'enregistrement des actes de prêt ou d'ouverture de crédit, toutes les fois que les fonds d'emprunt sont destinés à l'acquisition ou à la construction d'une maison qui doit servir d'habitation à l'acquéreur ou à l'achat d'un terrain pour le même objet.

Tout l'avantage, au contraire, que la loi française accorde aux acheteurs de petites maisons consiste dans la faculté de fractionner le payement des droits d'enregistrement (2). Aucune réduction de ces droits n'a été consentie ni pour les actes d'emprunt ni pour les actes de mutation, si ce n'est au cas de résolution volontaire ou judiciaire du contrat de vente. Cette résolution dans l'espèce ne donnera plus ouverture qu'au droit fixe de 3 francs.

C'est à un autre point de vue que se sont manifestées, dans notre loi, les velléités indulgentes du fisc.

La commission sénatoriale a fait remarquer, en effet, que l'application de la taxe des biens de mainmorte ne se comprenait pas lorsqu'il s'agit de maisons construites pour être vendues et devant prochainement donner lieu à la perception des droits de mutation. La taxe de mainmorte est une taxe de remplacement, destinée à racheter au profit du Trésor l'avantage qu'une longévité indéfinie procure aux personnes morales ; ce serait aller directement contre le but de la loi que d'en exiger le payement de ces sociétés qui ne construisent point pour elles-mêmes, mais qui font entrer leurs maisons, sitôt qu'elles sont bâties, dans le courant de

(1) Cette réduction ne résulte pas de la loi du 9 août 1889, mais du tarif notarial du 27 mars 1893. On sait, en effet, qu'en Belgique une loi du 31 août 1891 a donné au Gouvernement la faculté de tarifer les droits et honoraires des notaires (*Annuaire*, tome XXI, p. 551). — D'ailleurs, nous lisons dans un récent article de M. Henri Delvaux, avocat près la Cour d'appel de Liége, qu'avant même la promulgation du tarif légal, beaucoup de notaires avaient consenti volontairement à réduire leurs honoraires, ayant à cœur d'apporter à l'œuvre des habitations ouvrières la généreuse collaboration de leur temps et de leur travail. (V. la *Réforme sociale*, numéro du 16 décembre 1894, p. 924.)

(2) Loi du 30 novembre 1894, art. 10.

la circulation. — La même raison ne saurait être invoquée en faveur des sociétés qui restent propriétaires de leurs immeubles et les mettent simplement en location. Aussi l'exonération de la taxe de mainmorte ne s'y applique-t-elle pas.

Les sociétés de construction ou de crédit fondées en vue de la création d'habitations à bon marché sont exonérées également de l'impôt sur le revenu des actions et parts d'intérêts qui appartiennent à leurs membres, mais à la condition que les statuts imposent à ces titres la forme nominative. Encore faut-il ajouter que cette exonération ne profite qu'aux associés dont le capital versé, constaté par le dernier inventaire, ne dépasse pas 2.000 francs.

Nous n'avons pas à démontrer, croyons-nous, la légitimité des faveurs concédées à des sociétés qui méritent à si juste titre la sollicitude du législateur (1). A considérer d'ailleurs les restrictions multiples dont la loi française a su les entourer, il n'est pas à craindre que le Trésor en souffre jamais grand dommage.

On pourrait même se demander quel effet utile il est permis d'attendre de ces exemptions à dose homéopathique. Le fisc, hélas! possède à un très rare degré l'art de donner et de retenir; il y aurait quelque ironie à parler des sacrifices qu'il a consentis, alors qu'en réalité ce ne sont guère que des témoignages d'estime, des encouragements platoniques (2).

Au surplus, nous avons à noter, comme restriction d'ordre général et sauvegarde précieuse des intérêts du Trésor, que les exonérations prévues par la loi ne peuvent être concédées aux

(1) Par une interprétation extrêmement rigoureuse des lois en vigueur, l'administration des contributions directes avait prétendu soumettre à l'impôt des patentes la Société des habitations économiques de Saint-Denis, puis la Société des habitations ouvrières de Passy-Auteuil et la Société philanthropique (fondation Heine), bien qu'il fût avéré qu'elles ne recherchaient aucun bénéfice et n'étaient point des sociétés commerciales. Pour couper court à toute difficulté sur ce point, l'article 13 de la loi du 30 novembre 1894 contient une dispense formelle de la patente.

(2) Il n'en est pas ainsi en Belgique où les diverses exemptions accordées par la loi du 9 août 1889 constituent pour le Trésor un sacrifice annuel important. D'après les prévisions de l'administration des finances, la réduction des droits de mutation, de transcription et autres devait se chiffrer approximativement par une diminution de recettes de 200.000 francs, et les exemptions de la contribution personnelle par une diminution de 500.000 francs. Dans la séance du Sénat du 24 décembre 1889, le ministre a fait connaître qu'en réalité le dégrèvement de la contribution personnelle ne s'élevait pas à moins de 750.000 francs.

sociétés de construction ou de crédit qu'autant que leurs statuts, approuvés par le ministre compétent, sur l'avis du Conseil supérieur des habitations à bon marché, limiteront leurs dividendes à un chiffre maximum (1).

VIII.

Pour transformer en habitations salubres les logements sordides qui déshonorent nos grandes villes, il faut des capitaux considérables. A qui s'adresser pour les obtenir?

Est-ce au budget de l'État ou à celui des communes? — Nous avons déjà répondu.

Aux ouvriers eux-mêmes, groupés en sociétés coopératives? Ce serait évidemment la solution idéale; mais pouvons-nous penser qu'elle soit dès à présent à notre portée?

Écoutons à ce sujet M. Cheysson :

« Les ouvriers peuvent beaucoup pour résoudre le problème de leur logement, et ils l'ont bien prouvé dans divers pays où ils ont obtenu, par leurs propres efforts, des résultats qu'on peut sans exagération qualifier de merveilleux.

« C'est surtout en Angleterre que ce groupement des ouvriers s'est montré le plus fécond, en prenant la forme de sociétés de construction (*building societies*) qui constituent leur capital par les cotisations mensuelles ou hebdomadaires de leurs membres. En 1879, pour l'Angleterre proprement dite, on évaluait le nombre de ces sociétés à 1.187, avec 338.435 sociétaires. Au 1er janvier 1889, le *registrar general* comptait 2.021 sociétés, avec 604.134 sociétaires. Les recettes pour 1888 s'étaient élevées à plus de 500 millions; le capital dépassait 1 milliard. C'est par milliers que ces sociétés ont fait surgir les maisons ouvrières sur le sol anglais. La ville de Birmingham à elle seule présentait, en 1865, plus de 8.000 maisons bâties par des sociétés locales qui comprenaient 10.000 membres et encaissaient 37 millions de recettes annuelles. A Leeds, deux sociétés comptaient 17.000 membres et l'une d'elles avait construit 18.080 maisons.

« Aux États-Unis, les résultats de ce groupement n'ont pas été moins remarquables. Dans la seule ville de Philadelphie, 50 à

(1) Loi du 30 novembre 1894, art. 11, *in fine*.

60,000 ouvriers — c'est-à-dire le tiers de l'effectif total de la population ouvrière — sont devenus ainsi propriétaires de leur petite maison. En 1888, le nombre des *coopérative building and loan associations* était évalué à près de 3.500; leur capital à 1 milliard et demi de francs, et le montant des épargnes fixées dans leurs immeubles à 2 milliards et demi.

« En Hollande, en Danemark, en Suisse et en Allemagne, des sociétés coopératives de construction se sont établies et fonctionnent sur divers points. On en rencontre également en Italie, notamment à Milan, à Gênes, à Bologne et même dans de modestes localités, et le plus souvent on les trouve associées à la société de secours mutuels, qui est, suivant l'heureuse expression de M. Léon Say, *la cellule originaire autour de laquelle toutes les organisations vouées à l'épargne peuvent successivement se grouper*.

« Voilà ce qu'ont su faire, par l'association et la vertu de leur épargne personnelle, des ouvriers anglais, américains, danois, italiens. Comment ne pas s'étonner et même s'affliger que les ouvriers français n'aient pas su imiter jusqu'ici cet exemple? Ils ont tout laissé à faire aux initiatives patronales et bourgeoises, et se sont abstenus de les seconder, encore moins de les suppléer. Leur abstention dans cette matière a d'autant plus lieu de surprendre qu'elle contraste avec le sentiment d'indépendance jalouse et parfois ombrageuse qui les anime, même vis-à-vis du patron le mieux disposé et le plus bienveillant : c'est ainsi qu'ils préfèrent les sociétés coopératives de consommation gérées par eux-mêmes aux économats administrés par les chefs d'industrie. Avec de telles dispositions, comment s'expliquer que, pour une question primordiale comme celle de l'habitation, qui touche aux fibres les plus profondes et les plus intimes de leur personnalité et de leur famille, ils aient pris le parti de s'en désintéresser et de s'en rapporter à d'autres du soin de la résoudre sans y intervenir par leurs propres efforts? »

Il existe cependant, depuis 1870, sous le nom d'*Union foncière de Reims*, une société coopérative de construction qui a fait ses preuves et qui mérite, plus que tout autre, d'être donnée en exemple. Elle a su s'organiser d'elle-même, recruter en vingt ans près d'un millier d'adhérents, triompher, grâce à l'intelligence et au dévouement des ouvriers qui composent son conseil d'administration, des difficultés les plus extrêmes, réunir un capital de plus d'un million de francs et construire, pour ceux de ses membres qui le demandaient, 55 maisons. Actuellement encore, elle est en pleine prospérité (1).

Outre l'*Union foncière de Reims*, nous pouvons citer la *Pierre du foyer*, fondée à Marseille avec le concours et sur l'initiative de M. Eugène Rostand, le *Cottage d'Athis* et la *Société immobilière de Valentigney* (2).

Le succès qui a couronné leurs efforts nous montre que toute la difficulté est dans l'ignorance où nous sommes des moyens de salut qui sont dans nos propres mains et dans notre impuissance à vouloir.

Quoi qu'il en soit, il est bien évident que dans l'état actuel des choses, la coopération ne suffira pas à elle seule à remédier au mal invétéré dont nous souffrons.

Il nous faut encore chercher ailleurs.

En 1889, le Congrès international des habitations ouvrières avait émis le vœu que la loi autorisât les caisses d'épargne à mettre, moyennant des garanties à déterminer, une partie des fonds des déposants à la disposition des constructeurs de maisons ouvrières, « ce qui aurait pour effet d'utiliser dans la région qui les a produits, les capitaux de la petite épargne. »

C'était une idée juste, préconisée déjà par M. Leroy-Beaulieu en 1882, que de faire servir à la satisfaction des besoins des classes populaires les capitaux que l'épargne populaire a constitués.

La loi belge de 1889 s'en est aussitôt emparée. Aux termes de l'article 5, la Caisse générale d'épargne et de retraite, fonctionnant sous la garantie de l'État, fut autorisée à employer une partie de ses fonds disponibles en prêts destinés à la construction ou à l'achat de maisons ouvrières. Le conseil général de la Caisse d'épargne, ajoute l'article 6, devait déterminer le taux et les conditions de ces prêts, sauf approbation du ministre des finances.

A la date du 25 mars 1891, un arrêté fut pris, en effet, par le conseil général de la Caisse d'épargne et de retraite (3). L'idée dominante, le principe essentiel est qu'il ne peut être fait aucun

(1) *Bulletin de la Société française des habitations à bon marché*, 1892, p. 282.

(2) Le capital social est de 100,000 francs. 8 maisons, de 4 logements chacune, ont été construites : 2 à Valentigney, 3 à Beaulieu et 3 à Terre-Blanche. Le loyer de chaque logement est de 17 francs par mois.

(3) Cet arrêté a reçu l'approbation du ministre des finances, sous la date du 31 mars 1891.

prêt sans la garantie d'un tiers agréé par la Caisse(1). Ce peut être un intermédiaire personnel, par exemple un patron se portant caution de son ouvrier. Le plus souvent, c'est un intermédiaire collectif, une société de construction ou de crédit. Un taux de faveur est accordé aux sociétés qui contribuent elles-mêmes à la formation de l'épargne populaire et tendent à se constituer une vie indépendante, un patrimoine propre, pouvant leur permettre un jour de se substituer à la caisse générale d'épargne et de faire œuvre de décentralisation.

On ne saurait trop méditer l'exemple qui nous est ainsi donné par nos voisins. C'est à leur contact que nous apprendrons les vertus qui nous manquent le plus : la confiance en l'effort individuel et l'esprit d'association.

Moins d'un an après l'arrêté du 31 mars 1891, 21 associations de crédit populaire s'étaient fondées et entraient en rapport avec la Caisse générale d'épargne ; au 1er janvier 1894, il y en avait 64.

Au 15 décembre 1894, suivant la note qui nous a été très

(1) « Des considérations diverses, dit M. Mahillon, dans l'exposé des motifs, militent en faveur de cette proposition. Les payements à faire par les ouvriers débiteurs devront être effectués par mois et par semaine ; cette condition, qui est essentielle, suffirait à elle seule pour justifier l'intervention d'intermédiaires. D'ailleurs, si la Caisse contractait directement avec les ouvriers, elle se placerait forcément dans une situation difficile ; de l'opposition de deux intérêts également dignes de sollicitude (déposants et emprunteurs ouvriers) résulterait l'impossibilité de tenir compte des circonstances de fait qu'une société régionale peut sans inconvénient prendre en sérieuse considération. Décider que la Caisse traitera directement avec les ouvriers, c'est faire dépendre la solution de toutes les questions de décisions administratives, ce qui conduirait certainement à l'avortement de toute combinaison.

« Il y a plus. Pour chercher à résoudre, suivant les vues du législateur, le problème des habitations ouvrières, il faut nécessairement s'inspirer de l'expérience acquise par les autres peuples. Le système des *Buildings*, se constituant elles-mêmes en sociétés d'épargne, prêtant aux ouvriers pour leur faciliter la construction ou l'achat de maisons, est bien digne d'être imité, même si l'on ne tient pas compte des résultats prodigieux qu'il a produits en Angleterre. Le flot des dépôts qui arrivent à la Caisse d'épargne va chaque jour grossissant et il semble que, dans l'intérêt même de la cause de l'épargne, il serait extrêmement avantageux de pousser progressivement à la formation d'organismes locaux concourant au même but que la Caisse, mais faisant intervenir l'initiative individuelle qui est si efficace pour accroître dans de larges proportions le bien moral qui peut résulter d'une bonne gestion des dépôts...

« L'excès de centralisation est plein de périls, surtout en matière d'épar-

obligeamment communiquée par M. Mahillon, directeur général, le nombre des sociétés agréées s'élevait à 75 et se subdivisait ainsi qu'il suit :

I. *Sociétés de crédit*, empruntant à la Caisse générale d'épargne au taux de 2 1/2 %:

a) Sociétés anonymes.	48
b) Sociétés coopératives.	8
II. *Sociétés de construction*, empruntant à la Caisse au taux de 3 % :	
a) Sociétés anonymes.	18
b) Société coopérative.	1
Total.	75

A cette même date (15 décembre 1894), la Caisse générale d'épargne avait consenti à ces sociétés pour 8.431.709 fr., 28 c. d'avances, savoir :

7.070.915 fr., 90 c., au taux de 2 1/2 %, aux sociétés de crédit.

894.677 francs, au taux de 3 %, aux sociétés de construction.

466.416 fr., 38 c. à un certain nombre d'ouvriers, sous la caution d'intermédiaires personnels.

gne, et je crois entrer dans les vues du Conseil en disant que les mesures à prendre au sujet de la mise en application de la loi du 9 août 1889 seront d'autant plus efficaces qu'elles viseront mieux à faire naître au sein des populations ouvrières des groupements s'occupant de recueillir eux-mêmes des épargnes et de les appliquer, avec l'aide de la Caisse, à accroître le nombre des ouvriers propriétaires du foyer de famille et affiliés à une association qui s'occupe de la gestion de petits capitaux.

« Ces considérations m'ont conduit à proposer d'accorder un taux de faveur aux sociétés de crédit qui, pratiquant l'épargne au profit de l'être collectif lui-même, limiteront les dividendes à distribuer et porteront en réserve pour l'avenir l'excédent des bénéfices réalisés. En même temps, je propose d'interdire à ces associations la possession d'immeubles à titre définitif, de manière à empêcher qu'elles ne se transforment progressivement en sociétés de location qui ne répondent pas au but que le législateur a eu surtout en vue et qui présentent l'inconvénient de s'écarter du principe qui a fait ses preuves en Angleterre. A cet égard, d'ailleurs, il importe de remarquer qu'en Allemagne, les entreprises de dépôts et d'avances mutuelles pour construction de maisons ouvrières ont complètement échoué sous l'influence de causes diverses, parmi lesquelles il semble qu'on doive ranger la transformation de ces associations en sociétés de spéculation sur valeurs immobilières. »

— Ces idées ont été développées de nouveau par M. Mahillon, dans une communication faite, le 7 mai 1892, au IVe Congrès des Sociétés françaises de crédit populaire. »

En France, il va sans dire que nous sommes encore loin de pareils résultats.

Nous avons vu précédemment que deux caisses d'épargne, des plus riches et des plus habilement administrées, avaient prêté leur concours à la Société lyonnaise des logements économiques et à la Société des habitations salubres et à bon marché de Marseille ; pour l'une d'elles cela remonte à 1887. Mais, au point de vue législatif, tandis que l'idée nouvelle était accueillie en Belgique avec la plus grande faveur, nous devons dire qu'elle était chez nous l'objet des plus vives critiques, surtout au Sénat. Aussi notre loi du 30 novembre 1894 n'en a-t-elle retenu que fort peu de chose.

Aux termes de l'article 6 de cette loi, les bureaux de bienfaisance, hospices et hôpitaux peuvent, avec l'autorisation du préfet, employer le cinquième de leur patrimoine à la construction de maisons à bon marché, dans les limites de leurs circonscriptions charitables, ainsi qu'en prêts hypothécaires aux sociétés de construction et aux sociétés de crédit qui, ne construisant pas elles-mêmes, ont pour objet de faciliter l'achat ou la construction de maisons de ce genre ; ils peuvent de même employer le cinquième de leur patrimoine à l'achat d'obligations desdites sociétés. Ils ne peuvent, au contraire, se rendre acquéreurs d'actions.

D'autre part, la Caisse des dépôts et consignations est autorisée à employer, jusqu'à concurrence du cinquième, la réserve provenant de l'emploi des fonds des caisses d'épargne (1) en obligations négociables des mêmes sociétés de construction et de crédit.

Quant aux caisses d'épargne elles-mêmes, la question posée par la proposition de M. J. Siegfried n'est pas encore résolue définitivement ; l'examen en a été réservé pour la discussion du projet de loi qui les concerne. Nous ne pouvons donc faire état que d'une disposition éventuelle, adoptée par le Sénat, et selon laquelle les caisses d'épargne peuvent employer le revenu de leur fortune personnelle et le cinquième seulement du capital de cette fortune dans les mêmes conditions que la Caisse des dépôts et consignations.

(1) Cette réserve s'élève actuellement à 75 millions de francs environ. C'est donc une somme de 15 millions qui pourra être mise à la disposition des maisons à bon marché. (Rapport de M. Jules Siegfried à la Chambre des députés, le 23 novembre 1894.)

Nous n'avons pas ici à prendre rang parmi les partisans du libre emploi ou parmi les partisans de l'emploi légal en rentes sur l'État ou valeurs assimilées. Il nous sera permis néanmoins de rappeler de quelle façon M. Burdeau, ministre des finances, envisageait le problème, singulièrement grave et de jour en jour plus nécessaire à résoudre, qui résulte de l'accroissement indéfini de la fortune propre des caisses d'épargne et de l'entassement des réserves, devenues plus que suffisantes pour couvrir toute espèce de risque.

« Tout cet argent, disait-il, que les déposants apportent aux caisses d'épargne, une fois sa sécurité largement et solidement assise, doit-il être exclusivement et à tout jamais réservé à un organe centralisateur ? Cet argent de l'épargne des communes, de l'épargne qui se forme, on peut le dire, dans les sillons mêmes de la terre de France, est-il destiné pour toujours à aller se placer exclusivement sous la direction de l'État, dans un établissement central d'où il ne sortira pas? »

Sans doute, les fonds des caisses d'épargne, plus que tous autres capitaux, ont besoin de sécurité, car c'est en grande partie l'argent des pauvres ; sans doute encore ils doivent être, autant que possible, d'une réalisation facile. Mais ce qu'il faudrait démontrer c'est que l'État, dans un moment de crise nationale, serait en mesure de rembourser du jour au lendemain les quatre milliards d'épargne qui lui ont été confiés. N'est-ce pas en vue de cette éventualité qu'a été imaginée la *clause de sauvegarde* qui l'autorise à ne restituer les dépôts que par acomptes échelonnés? Et ne peut-on pas dire qu'en semblable circonstance les fonds gagés sur la propriété foncière, à la condition, bien entendu, que l'opération ait été conduite avec toute prudence, seraient d'une solidité au moins égale à celle des fonds publics?

IX.

Les dispositions que nous avons étudiées jusqu'ici s'appliquent indifféremment aux maisons construites pour être vendues et à celles construites pour être louées.

Ce qu'il nous reste à dire, au contraire, s'entend exclusivement des premières, de celles qui doivent, par excellence, constituer le foyer de famille.

« On se préoccupe beaucoup aujourd'hui, dit M. Cheysson, de

la vieillesse de l'ouvrier et l'on veut, par des pensions de retraite, le mettre à l'abri du besoin pour le moment où l'âge, en amenant le déclin de ses forces, le condamnera au repos. C'est une préoccupation très légitime et à laquelle on ne peut qu'applaudir. Mais il est surprenant qu'elle ne s'applique pas à cette autre crise, plus grave peut être encore que celle de la vieillesse : je veux parler de la mort prématurée du chef de famille. On croirait que l'ouvrier est un célibataire et qu'on a le droit de dire : après lui le déluge ! Il n'en est rien. La véritable molécule sociale — on ne saurait trop le répéter — ce n'est pas l'individu, mais la famille. Les institutions ne doivent pas être combinées en vue de l'intérêt égoïste de tel ou tel membre ; elles doivent viser la famille tout entière qui fait, avec des éléments éphémères, une chaîne indéfinie, qui se survit à elle-même, répare ses pertes et défie le temps (1). »

Quel beau langage, Messieurs, et combien il est digne d'être écouté !

Pour obvier, autant qu'il est possible, aux conséquences redoutables de la mort du chef de famille, il faut, d'une part, que celui qui contracte pour devenir propriétaire, soit assuré de mener à bonne fin l'entreprise commencée ; il faut aussi que la maison qu'il a acquise puisse être conservée sans trop de frais par ceux qui lui survivent. Le problème se présente donc à nous sous un double aspect : au point de vue, d'abord, de l'entière exécution des obligations prises par le contractant, puis, de la transmission de la propriété à ses héritiers ou ayants-cause.

Au premier point de vue, le remède se trouve dans l'application du principe de l'assurance.

Aux termes de l'article 8 de la loi belge (2), « la Caisse générale d'épargne et de retraite est autorisée à traiter des opérations d'assurance mixte sur la vie ayant pour but de garantir le remboursement à une échéance déterminée — ou à la mort de l'assuré si elle survient avant cette échéance — des prêts consentis pour la construction ou l'achat d'une habitation. »

Cette disposition est digne de remarque, car elle est la formule dernière d'un système qui tend à rendre l'ouvrier proprié-

(1) *Bulletin de la Société française des habitations à bon marché*, t. II, p. 443.

(2) Cet article n'était point dans le projet ; c'est un amendement de M. de Smet de Naeyer qui l'a introduit. On lira avec beaucoup d'intérêt le discours prononcé par ce dernier à la Chambre des représentants.

taire, le jour même où il prend possession de la maison (1).

Il faut pour cela — c'est une garantie morale plus encore qu'une garantie matérielle — que l'ouvrier ait déjà par-devers lui quelques centaines de francs d'économies (2), représentant le quart ou le cinquième du prix de la maison qu'il veut acquérir. Tout le reste, il l'emprunte à la caisse d'épargne et, jusqu'à concurrence de la même somme, il souscrit une assurance payable à lui-même s'il survit un certain nombre d'années

(1) Selon M. de Smet de Naeyer, il importe beaucoup que l'ouvrier puisse être propriétaire dès le jour où il entre dans son logis. A l'appui de son dire, l'orateur a invoqué l'opinion de M. Wright, conseil de plusieurs compagnies d'assurances sur la vie aux États-Unis : « Lorsqu'un ouvrier a conclu avec une compagnie d'assurance sur la vie une police suffisante pour donner une marge raisonnable à une avance, il n'y a pas de placement plus sûr que de lui prêter de l'argent et de prendre hypothèque sur l'immeuble qu'il occupe. Si la maison est à son nom, il aura grand soin de la tenir en bon état; il ne la dégradera pas ; il ne la ruinera pas, comme le fait trop souvent l'ouvrier locataire. » — Toutes les dispositions prises par la caisse d'épargne belge sont orientées dans ce sens.

Cependant on a fait remarquer, non sans raison, que l'ouvrier devenu propriétaire dès la signature du contrat, pouvait être tenté de céder immédiatement sa maison, moyennant une bonification légère, à des spéculateurs qui bénéficieront des efforts et des sacrifices de la société de crédit et de la caisse d'épargne. En outre, lorsque l'ouvrier ne peut pas mener à bonne fin l'entreprise et que le prêteur est obligé de reprendre la maison, l'acquéreur malheureux subit, en pure perte, des frais de mutation, toujours très onéreux.

(2) « Il existe en Belgique, dit M. de Naeyer, un très grand nombre d'ouvriers qui sont en position de pouvoir profiter du genre d'opérations que je signale. » ..... A Gand, par exemple, sur les 550 ouvriers employés à une même usine, il y en a 242 qui ont des livrets de la caisse d'épargne, savoir :

146 livrets,	inférieurs à .	200	francs.
26 —	de 200 à . . .	300	—
9 —	de 300 à. . .	400	—
35 —	de 400 à . . .	1.000	—
26 —	supérieurs à	1.000	—

En réunissant les deux derniers nombres, on voit que 61 ouviers (plus de 11 °/₀ du personnel total de l'usine) possèdent les 400 francs nécessaires à la conclusion du marché qui doit les rendre dès à présent propriétaires d'une maison de 2.000 francs.....

« Parmi les 26 titulaires de livrets supérieurs à 1.000 francs, 21 sont chefs de famille. Leurs fonds, déposés à la caisse d'épargne, leur rapportent 3 °/₀ et j'ai démontré, dans la première partie de mon discours, qu'ils payent, comme locataires de leur habitation, au moins 8 °/₀ du coût de ces maisons. Ils supportent donc de ce chef une perte de 5 °/₀ représentant la différence entre l'intérêt qu'ils payent comme locataires et celui qu'ils touchent comme déposants. Cela fait plus de 50 francs de perte annuelle pour chacun d'eux. »

(15 ou 20 ans par exemple), ou payable à ses héritiers s'il meurt avant ce temps.

En exécution de ce double contrat, il paye l'*intérêt* sur l'emprunt et la *prime* sur la police, et, de toute façon, qu'il meure ou qu'il survive, il aura complètement acquitté sa dette, laissant à ses héritiers ou gardant pour lui-même un immeuble quitte et libre de toutes charges.

Supposons, par exemple, un ouvrier voulant se rendre acquéreur d'une maison de 2.000 francs (1) et possédant 400 francs d'épargnes. Il empruntera, pour parfaire le prix d'achat, la somme de 1.600 francs, et de ce chef — au taux de 4 % — il sera tenu de payer un intérêt annuel de 64 francs. En même temps, il contractera une police d'assurance mixte, aux termes de laquelle la caisse d'épargne s'engagera à lui payer ou à payer à ses héritiers les 1.600 francs destinés à la rembourser elle-

(1) « Afin de faire mieux comprendre le mécanisme de la combinaison qui doit faciliter à l'ouvrier l'accession à la propriété, j'ai choisi comme exemple une maison valant 2.000 francs, sur laquelle l'acquéreur aurait emprunté une somme de 1.600 francs. J'ai été interrompu par l'honorable M. d'Andrimont qui a prétendu que je tablais sur un chiffre trop bas et qu'il n'est pas possible de construire une maison à moins de 3.500 à 4.000 francs..... Je suppose donc une maison d'une valeur de 3.500 francs, qui est celle des constructions élevées par la société des maisons ouvrières de Liége. L'acquéreur est censé posséder des économies s'élevant à 500 francs; pour acquitter le prix d'achat, il devra conclure un emprunt hypothécaire de 3.000 francs. Le tableau annexé à mon discours du 3 juillet montre que cet emprunt pourra être remboursé en vingt ans, à raison d'une annuité de 249 fr. 60, comprenant à la fois l'intérêt, l'amortissement et l'assurance, cette dernière garantissant à la famille la propriété de la maison quitte et libre de toute charge en cas de décès de l'ouvrier avant l'expiration des vingt années.

« N'est-il pas évident que les ouvriers liégeois qui habitent des maisons dont le coût atteint 3.000 à 4.000 francs payent au moins 5 francs de loyer par semaine (soit 260 francs par an) ?

« L'honorable M. d'Andrimont reconnaîtra sans doute que la combinaison que je préconise s'applique aussi bien aux maisons du genre de celles de la Société liégeoise qu'aux habitations plus modestes que j'ai eues en vue dans mon discours du 3 juillet. Mais il ne faut pas que la Chambre s'imagine qu'une habitation ouvrière commode et salubre doive coûter 3.500 à 4.000 fr. La Société liégeoise est elle-même en aveu sur ce point; elle reconnaît que le coût relativement élevé de ses maisons provient en partie du luxe qu'elle a introduit dans la construction... — En fait, on peut construire partout une maison d'ouvrier convenable, commode et salubre, comprenant quatre pièces, dont deux au rez-de-chaussée et deux à l'étage, pour le prix de 1.800 à 1.900 francs, terrain non compris. » — Discours de M. de Smet de Naeyer, à la Chambre des représentants.

même de l'avance qu'elle aura faite. La prime annuelle, si l'ouvrier est âgé seulement de 30 ans, et que l'opération doive durer vingt années, sera de 69 fr. 12 c.

Soit, au total, une annuité de 133 fr. 12 c., chiffre notablement inférieur au montant d'un loyer ordinaire.

La loi française n'a pas prévu l'assurance mixte (1); elle se contente de l'assurance temporaire, ayant pour but de garantir, à la mort de l'assuré, si elle survient dans la période d'années déterminée au contrat, le payement des annuités restant à échoir (2). Et, pour faciliter la conclusion de tels contrats, à des conditions qui ne soient pas trop onéreuses (3), elle fait appel au concours de la caisse d'assurance en cas de décès, instituée par la loi du 11 juillet 1868.

X.

Venons maintenant à la grave question du partage après décès.

Ici, le plus grand obstacle à la reconstitution du foyer familial est dans la loi elle-même, dans l'organisation de notre régime successoral.

Sans doute, l'idée de la conservation des biens dans la famille n'est pas étrangère au Code Napoléon. Le retrait successoral, la réserve héréditaire elle-même en sont la preuve irréfutable. Mais, en même temps, l'exagération du principe d'égalité entre les héritiers, l'horreur de l'indivision, et plus encore les règles relatives à la forme des partages ont aidé à la dissociation des patrimoines et porté la ruine dans un grand nombre de familles de moyenne ou de petite fortune.

Ainsi, le législateur autorise les cohéritiers à écarter du partage un cessionnaire de droits successifs (art. 841), mais nul n'est jamais tenu de rester dans l'indivision (art. 815), et chacun peut

(1) La disposition votée par la Chambre reproduisait textuellement l'article 8 de la loi belge. La nouvelle rédaction est l'œuvre de la commission du Sénat, au cours de la seconde délibération.

(2) Loi du 30 novembre 1894 (art. 7).

(3) Les tarifs des compagnies d'assurances françaises sont établis sur des tables de mortalité qui ne correspondent plus aux données de l'expérience, et qui, pour certains âges, sont d'une exagération intolérable. — V. *L'assurance mixte et les maisons ouvrières*, par M. Cheysson (*Bulletin de la Société des habitations à bon marché*, tome IV, p. 321).

demander sa part en nature des meubles et des immeubles (art. 826).

Dans la formation des lots, on doit éviter, autant que possible, de morceler les héritages (art. 832), mais il convient de faire entrer dans chaque lot la même quantité de meubles et d'immeubles (même art.). Lorsqu'il y a eu donation d'immeuble par avancement d'hoirie, le rapport se fait en nature (art. 859); lorsque cette donation a été faite avec dispense de rapport, c'est également en nature que se fait le retranchement de ce qui excède la quotité disponible (art. 866).

Quand les immeubles ne sont pas commodément partageables, la seule façon de procéder, à moins qu'il y ait un accord unanime, est la licitation; il suffit du mauvais vouloir d'un cohéritier pour qu'on soit obligé de subir les formes compliquées et coûteuses du partage en justice (art. 827), et la licitation ne peut se faire qu'en y admettant les étrangers. S'il y a des mineurs, cette forme de partage est la seule recevable.

Songez à tout cela, en présence d'une petite maison d'ouvrier valant 2.000 à 3.000 francs, et supposez que le défunt laisse des enfants mineurs; au lieu d'être un bienfait, l'acquisition de la propriété vous apparaîtra comme le pire danger, comme la plus décevante illusion. Six mois ne seront pas écoulés que le petit patrimoine aura été dévoré.

Il était donc indispensable, pour faire œuvre utile et durable, de porter la main sur un certain nombre de dispositions du Code civil.

L'entreprise a été tentée en Belgique (1), mais elle n'a pas encore abouti. Cette fois c'est la France qui a pris les devants (2).

(1) Proposition de loi de MM. Van der Bruggen, de Moreau, Eug. Meeus, J. Liebaert, de Smet de Naeyer, « *permettant d'éviter la vente forcée des petits héritages en cas de décès.* » Cette proposition, soumise à la Chambre des représentants, le 18 mars 1891, a fait l'objet d'un rapport favorable de M. Corswarem, au nom de la Section centrale, mais la dissolution des Chambres n'en a pas permis la discussion. Présentée de nouveau le 31 janvier 1893, sous le titre de : *Modifications au régime successoral des petits héritages*, elle a trouvé dans la commission le même accueil favorable (rapport de M. Melot, du 24 mai 1893), mais le renouvellement de la législature a fait encore obstacle à son adoption. — V. *Le régime successoral des petits patrimoines et le projet van der Bruggen*, par M. G. de Brabandère, avocat près la Cour d'appel de Bruxelles (1891).

(2) Une réforme analogue, mais applicable à tous les partages, quelle que soit l'importance de l'actif successoral, avait été soumise au Corps législatif

Et d'abord, à la règle que nul n'est tenu de rester dans l'indivision, l'article 8 de notre loi substitue le principe contraire : il suffit que le maintien de l'indivision soit demandé par un descendant ou par le conjoint pour qu'il puisse être imposé à tous les cohéritiers, et ce pour une durée de cinq années à compter du décès.

L'indivision peut même être continuée, s'il se trouve des mineurs parmi les descendants, jusqu'à l'expiration des cinq ans qui suivront la majorité de l'aîné, pourvu toutefois que sa durée totale n'excède pas dix ans.

Au cas où le défunt ne laisse pas de descendants, le maintien de l'indivision ne peut être prononcé qu'à la demande et en faveur de l'époux survivant. Il faut, pour cela, que l'époux habite la maison au moment du décès et qu'il en soit copropriétaire au moins pour moitié.

Cette première disposition est déjà de grande importance : gagner du temps, c'est le plus souvent donner au conjoint, ainsi qu'aux héritiers, et particulièrement aux héritiers mineurs, la facilité de conclure un partage amiable, exempt de frais et de chicanes, et, dans certains cas, permettre à l'un d'eux de conserver le foyer familial, dans l'intérêt de tous.

Mais ce qui importe par-dessus tout c'est de faire disparaître l'éventualité redoutable de la licitation. La loi autorise donc l'attribution de la maison, sans enchères ni formalités, au profit de l'un quelconque des héritiers ou du conjoint survivant, à la condition toutefois, pour ce dernier, qu'il ait dans l'immeuble un droit de copropriété.

Sur ce point, deux ordres de difficultés sont à prévoir.

Il est possible que plusieurs intéressés veuillent user de la faculté de reprise qui leur est accordée. La loi, dans ce cas, fixe un ordre de préférence : d'abord celui que le défunt aura désigné, puis l'époux, s'il est copropriétaire au moins pour moitié. Toutes choses égales, la majorité des intéressés décide. A défaut de majorité, il est procédé par voie de tirage au sort.

En fait, il arrivera bien rarement qu'une désignation de faveur soit faite par le défunt. Il arrivera très souvent, au contraire, que

en 1868. — Voir, à ce sujet, l'étude de M. Bufnoir et la discussion qui en a suivi la lecture : *Bulletin de la Société de législation comparée*, 1re année, p. 130 et suiv. — V. aussi : *L'organisation de la famille*, par F. Le Play, IIIe appendice, par M. Claudio Jannet.

le droit de reprise sera exercé de préférence par le conjoint survivant, puisque vraisemblablement la maison aura été acquise durant le mariage, avec les économies de la communauté. Rien n'est plus juste et plus moral qu'une telle disposition; rien aussi n'est plus conforme à la volonté présumée de celui qui a peiné pour acquérir le bien de famille et dont l'effort a été encouragé chaque jour par celle qui vaquait aux soins du ménage et qui avait la garde des enfants. Sans elle, il est bien probable qu'il n'eût rien épargné (1).

Juste et morale, cette disposition est en même temps pratique; car l'époux commun en biens et usufruitier d'une part de la succession en vertu de la loi du 9 mars 1891 est de tous les intéressés celui qui a la moindre soulte à fournir, ce qui facilitera d'autant le règlement définitif de la succession.

Qu'on veuille bien y réfléchir, en effet, le paiement des soultes est l'une des principales difficultés du nouveau système. Si le mode d'attribution est changé, si les formalités et les frais sont réduits au minimum, le principe d'égalité qui est le fondement de notre droit successoral ne subit, au contraire, aucune atteinte. Chacun des intéressés, pour la part et portion à laquelle il a droit, peut faire valoir contre l'attributaire de l'immeuble le privilège du copartageant. Que servirait-il d'éviter la licitation si, à défaut de paiement des soultes, la maison avait à subir les hasards et les frais de la saisie immobilière?

Il y a donc tout avantage à réserver le bien de famille à celui des ayants-droit dont la part est la plus forte; il n'aura que plus de facilité à se libérer et, s'il n'a pas les fonds nécessaires, à se les procurer par voie d'emprunt.

A cet égard, il est évident que les sociétés de crédit, fondées pour aider à la construction et à l'acquisition de maisons ouvrières, auront de grands services à rendre aux héritiers et à la veuve, au moment où la mort du chef de famille viendra diviser le patrimoine. Les comités de patronage pourront aussi intervenir de la façon la plus utile.

Une autre difficulté peut venir du désaccord des héritiers rela-

(1) Nous avons ici à signaler particulièrement la disposition de l'article 2 de la proposition van der Bruggen, qui donne à l'époux survivant l'entier usufruit de la part de communauté revenant aux héritiers de l'époux prédécédé. — V. aussi l'étude de M. Émile Jacobs, juge au tribunal civil de Termonde : *Un mot concernant le projet van der Bruggen* (Bruxelles, 1892).

tivement à la véritable valeur de l'immeuble. En ce cas, la loi décide que l'estimation en sera faite par le comité des habitations à bon marché. En dernière analyse, la question sera décidée par le juge de paix.

C'est le juge de paix, en effet, qui doit être, selon la loi nouvelle, le grand artisan de conciliation entre les parties; c'est lui qui doit présider à toutes les opérations nécessaires au règlement de la succession (1). Réunion du conseil de famille, s'il y a des héritiers mineurs, prononciation du maintien de l'indivision, fixation de la valeur de l'immeuble en cas de contestation, tout lui est réservé et l'on peut affirmer que le succès de la réforme dépend en grande partie de la façon dont il comprendra son rôle en face du grand devoir social dont le législateur a donné la formule générale.

Déjà, dans un très grand nombre de circonstances, la loi a fait appel à son zèle et à son amour du bien public. Qu'il s'agisse d'arbitrage en cas de grève (2), de naturalisation (3), de saisie-arrêt sur les salaires (4), que sais-je encore?... c'est toujours lui qui apparaît comme le médiateur indispensable.

Pour ma part, je n'ai rien à objecter à cette conception très haute des fonctions du juge de paix, sinon qu'elle dépasse peut-être la mesure du possible. Encore faut-il avouer qu'elle est difficilement conciliable avec les projets d'extension de la compétence juridictionnelle du même magistrat en matière ordinaire. Le juge de paix, si éclairé qu'il soit, si détaché qu'on le suppose des préoccupations politiques et électorales, le juge de paix, même inamovible, ne sera jamais qu'un homme et, chose grave, un magistrat unique. Il ne faut donc pas lui imposer une charge excessive; il ne faut pas non plus le considérer comme à l'abri

(1) Les promoteurs de la réforme se sont mainte fois prévalus des modifications que la récente législation de l'Alsace-Lorraine a fait subir au Code Napoléon et au Code de procédure civile, en matière de partage. Mais il convient de remarquer que ces modifications, au point de vue du moins de la compétence du juge de bailliage (qui n'est point tout à fait notre juge de paix), sont en concordance avec les principes généraux de l'organisation judiciaire du pays. Il n'en est pas de même chez nous. — V. lois du 1er décembre 1873 et du 14 juin 1888, sur la procédure de partage et les ventes judiciaires d'immeubles (*Annuaire de législation étrangère*, t. III, p. 567, et t. XVIII, p. 408).

(2) Loi du 27 décembre 1892 (*Annuaire de législ. française*, tome XII, p. 216).

(3) Décret du 13 août 1889, art. 6; — Circulaire du ministre de la justice, du 23 août 1889 (*Ibid.*, tome IX, p. 127 et 135, notes).

(4) Loi du 12 janvier 1895 (*J. Off.* du 20 janvier 1895).

de l'erreur et, sous prétexte qu'il juge en équité, lui reconnaître un pouvoir arbitraire indéfini. Le juge de paix ne peut aspirer à remplacer le tribunal civil et devenir en même temps le grand arbitre des questions sociales. Nous le réclamons, nous, comme le conciliateur des intérêts de famille et le protecteur-né des orphelins mineurs.

Il nous reste à indiquer dans quelle mesure, à propos de quels immeubles la loi du 30 novembre 1894 déroge au Code civil.

Nous avons fait remarquer déjà que le législateur français, à la différence du législateur belge, s'était refusé à faire une loi de privilège en faveur des ouvriers. Ce n'est donc pas la qualité de la personne, mais l'importance restreinte de la maison qui doit tracer la limite d'application des nouvelles dispositions successorales.

Cette limite est déterminée par le revenu net imposable à la contribution foncière et varie selon la population de la commune où l'immeuble est situé (1).

En outre, il faut que la maison soit la seule que possédât le propriétaire défunt.

Il faut enfin qu'elle soit occupée, au moment du décès, par le défunt lui-même, par son conjoint ou par l'un de ses enfants.

Aucune autre condition n'est exigée. On n'a point à rechercher, par exemple, à quelle époque la maison a été construite. La loi s'applique donc aux maisons qui existaient lors de sa promulgation aussi bien qu'à celles qui pourront être édifiées plus tard (2).

(1) Jusqu'à 1.000 habitants, le revenu net de la maison, calculé conformément à l'article 5 de la loi du 8 août 1890, ne doit pas dépasser de plus d'un dixième le chiffre de. . . . . 90 fr.
Jusqu'à 5.000 habitants. 150
Jusqu'à 30.000 habitants. 170
Jusqu'à 200.000 habitants et dans les communes situées dans un rayon de 40 kilomètres autour de Paris. 220
Au-dessus de 200.000 habitants. 300
A Paris. 375

(2) Nous lisons, en effet, dans le rapport de M. J. Siegfried, du 23 novembre 1894 : « Il n'est pas inutile de faire remarquer que les dispositions de l'article 8 devront s'appliquer à toutes les habitations qui rentrent dans le cadre des articles 1 et 5, qu'elles soient déjà construites ou qu'on ne les construise que plus tard. Il ne s'agit pas ici d'avantages fiscaux qui pourraient diminuer les ressources de l'État ; il s'agit d'une règle générale dont il importe d'assurer l'effet dans la plus large mesure possible. Cette pensée ressort pleine-

XI.

Il serait, à coup sûr, du plus grand intérêt de rapprocher les dispositions que nous venons de rappeler des dispositions analogues établies dans certains pays étrangers. L'attributaire de la maison à bon marché ressemble à certains égards à l'*Anerbe* du grand-duché de Bade (1) ou de l'empire d'Autriche (2). Mais une pareille étude nous aurait entraîné à de trop longs développements, et nous avons pensé qu'il suffisait, quelques semaines seulement après la promulgation de la loi nouvelle, d'en signaler l'importance et d'en préciser les origines pour en faire honneur à ceux dont l'infatigable persévérance en a doté notre pays.

La discussion étant ouverte sur la communication de M. Jules Challamel, M. le président donne successivement la parole à MM. J. Siegfried, G. Picot, E. Cheysson, Cacheux et R. Worms.

M. Jules **Siegfried,** *député, ancien ministre,* aurait souhaité que l'on pût se passer de l'intervention et du concours de l'État. Mais, malheureusement, le nombre des sociétés philanthropiques et des comités locaux s'occupant de la construction de logements à bon marché est encore trop peu considérable pour qu'il soit possible de s'en remettre complètement à eux du soin de créer les habitations ouvrières nécessaires. La nouvelle loi a eu principalement pour but de stimuler le zèle des particuliers et

ment de la discussion du Sénat. M. Buffet, d'accord sur ce point avec M. le rapporteur Diancourt, a particulièrement insisté pour la suppression de toutes catégories de personnes, afin que la loi devînt applicable à toute maison unique dont l'importance ne dépasserait pas le taux fixé à l'article 5. »

(1) *Annuaire de législation étrangère*, tome XVIII, p. 374.

(2) Loi du 1er avril 1889, concernant l'introduction de dispositions successorales spéciales pour les biens ruraux de moyenne étendue (*Annuaire*, tome XIX, p. 331). — V. aussi : Hanovre, loi du 2 juin 1874 (*Annuaire*, tome IV, p. 156); — Lauenbourg, loi du 21 février 1881 (tome XI, p. 168); — Vestphalie, loi du 30 avril 1882 (tome XII, p. 373); — Schleswig-Holstein, loi du 2 avril 1886 (tome XVI, p. 152).

d'encourager l'initiative privée. Elle aura, selon toute probabilité, d'excellents résultats. Sans doute, les avantages faits par l'État, au point de vue de l'exemption d'impôts, sont minimes; mais, cependant, ils ne sont pas absolument à dédaigner. Ils eussent été plus considérables, si le Sénat n'avait pas jugé à propos de les réduire. D'ailleurs c'est surtout sur les dispositions concernant les prêts à faire aux sociétés de construction que le législateur a compté pour multiplier les entreprises de ce genre. Il a permis, notamment, d'employer à la construction d'habitations ouvrières le cinquième des fonds de réserve des caisse d'épargne, déposés à la caisse des dépôts et consignation. Or le montant de cette réserve s'élève, actuellement, à environ quatre-vingt millions de francs. C'est donc à peu près seize millions que l'on peut consacrer à l'œuvre si intéressante dont nous nous occupons, ce soir. En somme, il fallait faire les premiers pas; la loi nouvelle n'a eu en vue que ce seul objet. Nous pensons qu'on peut envisager l'avenir avec confiance, si, comme c'est désirable, l'initiative individuelle se met en avant et apporte son concours pour l'amélioration du logement.

M. Georges **Picot**, *membre de l'Institut, président de la Société française des Habitations à bon marché*, rappelle que l'effort en vue de l'amélioration des logements ouvriers ne date guère que de neuf années. Depuis lors, des résultats sérieux ont été obtenus. A Lyon, la Société des logements économiques a construit 88 maisons, qui abritent onze cents familles. En admettant que chaque famille comprenne cinq personnes, on voit que 3.500 personnes profitent des avantages que procurent ces habitations à bon marché, installées dans les conditions les meilleures de salubrité et d'hygiène. Ce n'est pas tout, d'ailleurs, si l'on examine le plan de Lyon, on voit que ces maisons ont fait, en quelque sorte, la tache d'huile. Les propriétaires des maisons avoisinantes, comprenant que, pour soutenir la concurrence, il leur fallait mettre leurs immeubles sur le meilleur pied, se sont décidés à imiter les améliorations introduites par la Société des logements économiques, de sorte qu'on peut dire que la construction d'une maison ouvrière a entraîné la transformation de dix maisons voisines, appartenant à des particuliers. Il s'ensuit qu'à Lyon, 40.000 personnes environ, faisant partie de la classe laborieuse, bénéficient de l'initiative des sociétés charitables. Les mêmes résultats s'observent à Paris, où les sociétés de ce genre (la Société philanthropique et la Société d'Habitations économiques) ont construit environ quatre cents logements à bon marché. La grande difficulté à laquelle on se heurte, lorsque l'on veut construire des habitations destinées à la classe ouvrière, est le manque de fonds. Il serait bon de rappeler aux capitalistes que l'argent ainsi employé rapporte à Lyon 4 p. 100 et à Paris, près de 3,50 p. 100. Aussi, les personnes qui s'associent à cette bonne œuvre, font-elles, en même temps, une bonne affaire.

Le véritable but de la loi Siegfried est de susciter les initiatives privées. Elle eût été inutile si partout nous avions rencontré les vaillants efforts qui se sont produits depuis neuf ans à Rouen, à Marseille, à Paris et surtout à Lyon. Malheureusement les irrésolutions, les doutes, l'inertie l'ont emporté sur l'action. Aussi avons-nous dû solliciter un concours : la loi nouvelle doit aider à l'éducation de l'initiative : c'est en ce sens qu'elle est une loi libérale et que nous y applaudissons.

M. **E. Cheysson**, *inspecteur général des Ponts et Chaussées, vice-président de la Société française des habitations à bon marché*, prend la parole et s'exprime en ces termes :

Après tout ce qui vient d'être dit et si bien dit, la prudence me conseillerait de me taire; mais je ne crois pas pouvoir me dérober à la gracieuse invitation de M. le Président, et pour y déférer, je dirai quelques mots sur deux points, qui n'ont été qu'effleurés dans la discussion : d'abord, la gravité de la situation du logement ouvrier; ensuite, la part que peuvent prendre les intéressés eux-mêmes pour améliorer cette situation.

En dehors des spécialistes, qui se sont voués à l'étude de cette question, le public ignore en général comment sont logés les pauvres gens et ce serait déjà l'amener à la recherche du remède que de lui révéler le mal dans toute son étendue.

Tel est précisément le service qu'ont rendu à l'Angleterre et à la Belgique les enquêtes poursuivies dans ce sens par ces deux pays. Elles ont mis à nu une plaie véritablement hideuse, qui fait songer à la « barbarie » civilisée, dont parle Condillac et qu'il trouve à bon droit pire que la barbarie sauvage.

Ne pouvant songer à faire défiler sous vos yeux les tableaux résultant de ces enquêtes, je me bornerai à citer les chiffres, qui résument celle du comité de patronage de Bruxelles, dont MM. Lagasse et de Queker ont été les très consciencieux rapporteurs.

Sur 19.281 familles ouvrières de cette ville, 9.364, soit près de la moitié (48 %), occupent une pièce unique; sur ce nombre, 2.186 logent dans une mansarde, et 200 dans une cave; 1.511 comptent plus de 5 personnes; chez 2.825 familles, garçons et filles couchent dans la même chambre, et chez 406 familles, dans le même lit (1).

En attendant que le Conseil supérieur de statistique ait organisé pour notre pays l'enquête, dont il étudie actuellement les bases, la Société française des habitations à bon marché a voulu frayer la voie à cette

(1) Le loyer moyen d'une chambre par an est de 140 francs. L'enquête a établi que certains propriétaires retiraient de ces tristes immeubles 10, 15 et jusqu'à 20 p. 100.

entreprise de bien public, en chargeant deux hommes de cœur et de talent, MM. les docteurs Du Mesnil et Mangenot, d'amorcer l'enquête par un des quartiers de Paris, celui de la Gare, à la Pointe d'Ivry, qu'habitent à la fois des ouvriers d'industrie et des chiffonniers.

Aujourd'hui même, devant le Conseil de cette Société, MM. Du Mesnil et Mangenot rendaient compte de leur travail, rempli de révélations douloureuses et véritablement humiliantes pour notre état social; ils nous ont montré : des familles grouillant dans des sortes de cabanes à lapins, encombrées par des monceaux infects de détritus de chiffonnage; un grabat nu, occupé par une veuve et cinq enfants, avec un seul lit réservé à un pauvre petit malade, pendant que la mère et les frères et sœurs couchent à côté sur le sol...

Quand cette enquête, qui a la rigueur et la précision d'une photographie, sera prochainement publiée, elle ne peut manquer d'éveiller une grande et salutaire émotion. Il y a de ces maux qui ne subsistent que parce qu'on les ignore : le jour où on se décide à les regarder bien en face, ils sont plus d'à moitié guéris.

Ce que produit un tel entassement dans des conditions si contraires à l'hygiène, à la morale et même à la pudeur, on peut le soupçonner. La mortalité s'exagère; les épidémies s'installent et, de là, rayonnent sur les autres quartiers, établissant ainsi, qu'on le veuille ou non, la solidarité entre les diverses classes d'une même ville.

Dans ces bouges la morale est en péril, l'âme se dégrade en même temps que le corps; le père prend en dégoût sa maison et la déserte pour le cabaret. En outre, il y contracte la haine de la société qu'il rend responsable de ses misères, et son cœur aigri s'ouvre à toutes les prédications révolutionnaires.

En même temps qu'il est le pourvoyeur du cabaret, le taudis est ainsi le recruteur du collectivisme. Aussi les apôtres de ces doctrines désolantes n'ont-ils pas assez d'indignation et de sarcasmes contre les hommes de bon vouloir qui cherchent à améliorer les logements populaires.

D'après le conseil donné par Bakounine, dans son « catéchisme du parfait révolutionnaire », il faut, non apaiser, mais « exaspérer les souffrances du peuple », pour le pousser plus sûrement à démolir l'édifice social.

A défaut d'un sentiment plus élevé, le souci de la conservation personnelle ne permet donc pas aux classes « responsables » de se dérober à leur devoir : si elle est au premier chef une question d'humanité, l'amélioration de l'habitation populaire est aussi une question de santé et de sécurité publiques, et l'on peut dire, de préservation sociale.

Ce que ces classes ont déjà fait et ce qui leur reste encore à faire, mes honorables amis l'ont déjà indiqué avec trop de force pour qu'il soit nécessaire d'y revenir. Mais, peut-être, au contraire, ne serait-il pas inutile d'indiquer sommairement la part que devraient prendre à la question de leur logement les intéressés, les ouvriers eux-mêmes.

Isolés, ils sont impuissants; mais, en combinant leur faiblesse, ils peuvent atteindre des résultats véritablement prodigieux. Ce sont les infiniment petits qui ont bâti les colossales assises de nos continents; eux, qui, de nos jours et sous nos yeux, édifient de nouveaux mondes dans l'Océan Pacifique; ce sont les fils ténus qui, en s'entrelaçant, composent nos puissants câbles de mines; ce sont les sous accumulés, qui constituent les milliards de nos caisses d'épargne.

Mise au service de l'amélioration du logement populaire, cette force doit produire des résultats analogues, et elle les a produits, en effet, dans les pays étrangers.

M. Challamel nous citait, tout à l'heure, les centaines de millions de francs et les dizaines de milliers de maisons, qui caractérisent l'activité et les services des *Building Sociéties* en Angleterre et aux États-Unis.

Le chef du département du travail à Washington (*Department of Labour*), M. Caroll Wright, vient de publier sur ces sociétés américaines un document considérable, auquel j'emprunte les chiffres suivants : le rapport relève 5.298 *Building and loan associations*, soit nationales, soit surtout locales; le nombre de leurs actionnaires s'élève à 1.745 725; celui des maisons construites à 314 755; l'avoir général de ces sociétés atteint 450.667.501 dollars, c'est-à-dire 2.258 millions. Ce sont des chiffres qui laissent bien loin derrière eux ceux de notre mutualité, dont nous sommes pourtant si justement fiers.

Bien plus efficacement encore que les sociétés de capitalistes, dont on nous a vanté, avec raison, le dévouement et les succès, elles peuvent doter l'ouvrier de son *home*. A cause de leur profondeur et de leur masse, la poussée des classes populaires acquiert une impulsion et une « force vive », dont les efforts de la philanthropie bourgeoise ne sauraient atteindre l'ampleur.

Ce qu'ont fait les ouvriers anglais et américains, pourquoi nos ouvriers ne sauraient-ils pas le faire? Pourquoi ne prendraient-ils pas directement en main cette grande question, qui touche à leurs fibres les plus intimes?

Le bon vouloir ne leur manque pas : de tous côtés la Société française des habitations à bon marché reçoit des ouvertures de la part de groupes ouvriers qui ne demandent qu'à organiser des sociétés coopératives de construction. Mais l'obstacle, qui a jusqu'à présent paralysé presque toutes ces tentatives, c'est le défaut d'argent.

Il y a bien les cotisations des associés. C'est une source pure, mais hélas! peu abondante. Un groupe formé de cent adhérents, qui peuvent verser une cotisation annuelle de 200 francs — et c'est beaucoup — réunira ainsi, par an, 20.000 francs, c'est-à-dire de quoi bâtir quatre maisons. A ce compte, le dernier du groupe n'obtiendra la sienne que dans vingt-cinq ans et aura, pendant toute cette période, contribué à loger ses camarades sans être logé lui-même. C'est demander à la nature humaine un effort de vertu qui va presque jusqu'à l'héroïsme.

Les *Building societies* ont résolu cette difficulté, grâce au régime de l'épargne populaire et de la mutualité dans les pays anglo-saxons. Elles sont, en effet, alimentées par les dépôts volontaires et fonctionnent comme de véritables caisses d'épargne, au regard, non seulement des déposants isolés, mais encore des sociétés de secours mutuels, qui placent volontiers leurs fonds dans ces caisses à cause de la sécurité qu'on y trouve et de l'intérêt élevé qu'on en retire.

D'après le dernier rapport présenté, en juillet 1887, à la Chambre des Communes, les 2.334 sociétés de constructions enregistrées avaient, en 1888, reçu 510 millions de francs, et leur passif comprenait plus de 400 millions de dettes envers les déposants.

Un *act* récent de 1893, entré en vigueur le 1er janvier 1894, élargit, pour les sociétés coopératives anglaises, la faculté de recevoir des dépôts et les transforme ainsi en véritables caisses d'épargne privées.

Indépendamment de ces plantureuses ressources, qui leur sont fournies par les déposants, les sociétés anglaises de construction sont encore alimentées — et très abondamment — par les sociétés coopératives de consommation, dont on sait les grands développements en Angleterre. Au lieu de distribuer tous leurs bons à leurs adhérents, ces dernières sociétés en retiennent une partie pour constituer de puissantes réserves.

Un des placements les plus usuels de ces capitaux consiste dans l'acquisition et la construction de maisons, plus souvent encore dans la création de *Building societies*, dont le capital est formé par ces réserves et dont les maisons sont occupées en location par les coopérateurs eux-mêmes. Ces « filiales » des sociétés de consommation dépassaient plusieurs centaines en 1891, et avaient reçu d'elles une somme de plus de 75 millions.

Voilà donc l'explication de la formation du capital chez les *Building societies* : elles le puisent dans l'épargne populaire et dans les bonis coopératifs. Émanées du peuple, les épargnes retournent au peuple par un bienfaisant circuit pour améliorer son logement. Ce ne sont pas, comme chez nous, de maigres ruisseaux qui alimentent pauvrement des plantes rabougries : c'est un grand fleuve, au cours puissant, qui nourrit grassement une luxuriante végétation.

En France, notre régime des caisses d'épargne et des sociétés de secours mutuels est basé sur la tutelle et sur la défiance. Pour les empêcher de faire des chutes et des faux pas, on leur met des lisières, si même on ne les garrotte ; on leur impose le versement de leurs ressources dans les caisses du Trésor.

Indépendamment de ses multiples dangers financiers, économiques et politiques, ce système a encore l'inconvénient de tarir la source qui aurait pu et dû alimenter les diverses institutions de prévoyance et de mutualité, les banques populaires, les caisses rurales, et notamment les sociétés coopératives de construction.

Aussi, les amis de ces sociétés se sont-ils vus réduits à se tourner vers l'État pour lui demander, ou d'affranchir les caisses d'épargne, ou d'ouvrir ses coffres et de restituer à ces entreprises populaires les fonds dont elles ne sauraient se passer. Du moment où l'État a commencé par mettre la main sur toutes les épargnes, il a, disons-nous, assumé par cela même la responsabilité de les administrer au mieux des intérêts de ses clients, et dès lors il ne peut se soustraire à l'obligation d'alimenter directement par ses avances ou ses prêts les œuvres dont il a détourné les ressources.

Tous les systèmes ont leur logique : celle du régime actuel des caisses d'épargne, tant qu'il ne sera pas modifié — et il faut souhaiter qu'il ne tarde pas à l'être — c'est d'accaparer les capitaux de l'épargne populaire dans les caisses de l'État, et dès lors de l'obliger à fournir à nos sociétés coopératives de construction — en s'entourant de toutes les garanties désirables — les ressources sans lesquelles il leur est impossible de vivre et de remplir leur rôle bienfaisant.

L'exemple de la Belgique et celui de l'Italie prouvent d'ailleurs que les objections fondées sur le prétendu aléa de ces placements sont purement spécieuses et qu'il est facile de concilier en fait la sécurité des prêts avec l'efficacité de l'encouragement à l'initiative privée (1).

Nos doléances ont été entendues par le législateur, qui vient, dans la loi du 30 novembre 1894 (que notre reconnaissance appelle la loi Siegfried), d'autoriser la Caisse des dépôts et consignations à placer, en obligations négociables des Sociétés de construction, jusqu'à concurrence du cinquième, la réserve provenant de l'emploi des fonds des Caisses d'épargne. C'est une ressource de 16 millions environ, qui s'accroîtra sans doute, si la loi définitive sur les Caisses d'épargne respecte les dispositions du projet actuel. Mais, ce qui importe, c'est que le principe de ces avances ait sa consécration légale. D'ailleurs, elles ne doivent, dans notre pensée, agir que pour déterminer le mouvement et non pour l'entretenir. Elles correspondent à une « chiquenaude initiale », à une mise en train. Une fois lancée, l'opération se continuera en vertu de sa vitesse acquise, sans avoir besoin de recourir aux Caisses publiques ou aux Caisses d'épargne.

C'est là précisément ce que vient de démontrer l'exemple des admirables initiatives prises pour ces constructions à Marseille et surtout à Lyon. M. Challamel a décrit avec détail l'organisation de la Société lyonnaise des habitations à bon marché, qui s'est fondée dans cette dernière ville, et qui a trouvé son principal point d'appui dans l'intervention financière de la Caisse d'épargne. Or, le succès de cette entreprise est si éclatant, que l'émission récente du quatrième million, destiné à l'étendre, a été immédiatement couverte, sans que la Caisse d'épargne ait eu à y participer, et l'on songe même à lui rembourser ses avances.

(1) D'après le dernier rapport de M. Caroll Wright, cité plus haut, sur les 5.598 sociétés locales de constructions, 35 seulement ont subi une perte, qui ne s'est élevée, pour leur ensemble, qu'à 22.322 dollars, c'est-à-dire à un chiffre insignifiant eu égard à la masse de ces opérations.

Une fois ce remboursement effectué, la Caisse d'épargne semblera devenue financièrement étrangère à l'opération, et cependant c'est son concours au début qui a seul permis la constitution des ressources nécessaires à cette initiative; c'est lui, en dernière analyse, qui a fourni des logements salubres et économiques à un millier de familles et réagi sur toutes les maisons des quartiers avoisinants pour en améliorer la tenue et en abaisser le loyer.

De même, quand l'expérience se sera faite dans tout le pays, grâce au concours financier assuré par la loi Siegfried, et aura prouvé les avantages de ce genre d'opérations, il faut espérer que les fonds viendront d'eux-mêmes s'offrir aux Sociétés coopératives de construction qui pourront désormais prendre un essor en harmonie avec les besoins à satisfaire et le mal à conjurer.

Ce n'est pas seulement la Société coopérative de construction qui a son rôle marqué dans cette œuvre, mais encore la Société coopérative de consommation. Elle peut y intervenir de deux façons différentes.

En premier lieu, on conçoit que des ouvriers s'associent pour traiter avec le propriétaire d'une maison collective et la louer tout entière, comme le ferait un locataire principal, puis la sous-louent à leurs risques et périls. L'habitation est un besoin analogue à celui du vêtement, de la nourriture, du chauffage, et il est justiciable de combinaisons analogues. De même que l'on trouve avantage à acheter en gros de l'épicerie, du charbon, du vin, des tissus, pour les revendre en détail, au profit des associés; de même, on peut acheter des logements en gros et les rétrocéder à des sous-locataires, en réalisant certains bonis coopératifs, qui seront distribués en fin d'exercice entre les divers habitants de la maison au prorata de leurs loyers et affectés à des emplois de prévoyance (assurances, retraites, etc...). C'est la formule de la Société coopérative, appliquée à cette consommation spéciale : à l'habitation.

Utile aux adhérents, cette combinaison ne le serait pas moins au propriétaire, qui se trouverait en présence d'une collectivité responsable, intéressée à la bonne tenue de l'immeuble et à son rendement (1).

Mais c'est surtout pour fournir des ressources à la Société coopérative de construction que la Société coopérative de consommation peut jouer un rôle bienfaisant. On a vu plus haut qu'en Angleterre ces dernières Sociétés avaient fondé et alimenté de nombreuses *Building societies*. Elles pourraient en faire autant dans notre pays. En outre, à la condition d'être organisées sur le principe de la *vente au prix courant*, elles aboutissent tous les ans à la distribution d'importants bonis qui, au lieu d'être dépensés en pure perte et de se perdre dans le torrent de la consom-

(1) J'ai proposé cette solution dans un tableau qui a figuré à l'Exposition universelle de 1889, et M. Dejace, professeur à Liège, s'en est fait le défenseur vis-à-vis des Comités de patronage belges.

mation courante, doivent servir à la dotation des institutions de prévoyance et en particulier à l'acquisition graduelle de la maison. A ce prix, la Société coopérative de consommation acquiert toute sa vertu économique et sociale, et peut se combiner de la façon la plus heureuse avec la Société coopérative de construction.

En résumé, tout en faisant appel dans la même mesure prudente qu'en Belgique au Concours de l'État, et en rappelant aux classes aisées leur « devoir social » vis-à-vis du logement populaire, nous pensons que les ouvriers peuvent beaucoup pour résoudre ce problème, s'ils savent se grouper sous forme de Société coopérative de construction et de Société coopérative de consommation. Leurs amis sincères auraient là un grand service à leur rendre, si, en les éclairant sur leurs véritables intérêts, ils les décidaient à mettre à cette question l'ardeur et l'activité qu'ils dépensent parfois stérilement dans des directions sans issue. Quels magnifiques résultats ne pourraient-ils pas obtenir ainsi pour améliorer leur situation matérielle et morale, avec le sentiment si doux et si profond de ne les devoir qu'à eux-mêmes et à leurs propres efforts!

M. Émile **Cacheux**, *ingénieur*, joint ses félicitations à celles qui viennent d'être adressées à M. Challamel et veut se borner à de très courtes observations.

Après quelques renseignements historiques sur le mouvement des habitations ouvrières en France et à l'étranger, l'orateur rappelle qu'il a donné, dans son livre : *Les habitations ouvrières en tous pays* (1), des détails complets sur le fonctionnement des *Building societies*, sur les causes de leurs succès et démontré que, tant qu'elles se contenteraient de faire des opérations immobilières ayant pour objet de fournir une maison à chacun de leurs membres, elles ne pourraient que prospérer.

L'Union foncière de Reims qui agit suivant les principes des *Building societies anglaises*, a vendu par annuités une centaine de maisons, elle a accepté des dépôts pour lesquels elle a desservi un intérêt de 5 p. 100 l'an au début.

La Société des Habitations ouvrières de Passy-Auteuil donne des dividendes de 3 p. 100 à ses actionnaires et elle dessert depuis une dizaine d'années un intérêt de 4 p. 100 l'an aux porteurs d'obligations qu'elle a émises pour une somme de 150.000 francs.

Si des ouvriers avaient pris les obligations mises à la disposition du public, ils auraient pu retirer de leurs économies un intérêt plus rémunérateur que celui qu'ils obtiennent de la Caisse d'épargne.

La Société des Habitations économiques de Saint-Denis a construit

(1) *Habitations ouvrières en tous pays*, par Muller et Cacheux, 2e édition. Atlas de 76 planches.

des maisons à étages et des maisons à rez-de-chaussée. Elle distribue également un dividende de 3 1/2 p. 100 à ses actionnaires.

En résumé, nous avons construit des maisons à étage et des maisons pour une famille dans d'aussi bonnes conditions que les Anglais et nous arriverons à des résultats aussi importants que ceux auxquels ils sont parvenus, lorsque nous pourrons disposer d'importants capitaux au taux de 3 p. 100 l'an.

Nous avons plusieurs sociétés coopératives en France qui sont propriétaires d'immeubles. La Société coopérative de la rue Jean-Robert, 14, située dans le XVIIIe arrondissement, n'ayant pu s'entendre avec son propriétaire, fit l'acquisition d'un terrain et construisit une maison avec le produit de bons de 25 francs, qu'elle plaça parmi ses membres, et celui d'un emprunt fait au Crédit foncier; la Société réalisant un bénéfice de 10 p. 100 environ sur le prix des choses nécessaires à la vie, qu'elle fournit à ses membres, se libère chaque année d'une somme importante, et elle attend avec impatience la mise en pratique de la loi Siegfried pour pouvoir rembourser le Crédit foncier, auquel elle paye un intérêt très élevé.

Pour son compte personnel, M. Cacheux a remboursé au Crédit foncier, une somme de 300.000 francs, parce que cet établissement ne voulait pas réduire le taux d'intérêt de son prêt au taux de 4 1/2 p. 100, plus l'amortissement.

Plusieurs sociétés coopératives attendent avec impatience de l'argent au taux de 3 p. 100 l'an; c'est pourquoi l'orateur termine en remerciant encore, M. Siegfried, d'avoir mis tant de persévérance et de dévouement à faire promulguer une loi qui permettra aux constructeurs français de mettre à la disposition des ouvriers, des logements sains, commodes, à un prix en rapport avec le salaire qu'ils gagnent aujourd'hui si péniblement dans bien des industries.

M. René **Worms**, *auditeur au Conseil d'État*, fait observer que, si l'honneur d'avoir présenté et fait adopter par la Chambre la proposition de loi sur les habitations économiques revient à M. Jules Siegfried, celui d'avoir obtenu pour lui l'adhésion du Sénat, après de très vives discussions et des ajournements, doit être attribué au gouvernement. M. Lourties, ministre du commerce et de l'industrie, s'était montré extrêmement favorable à la proposition. M. Poincaré, ministre des finances, est plusieurs fois monté à la tribune pour la défendre, et il n'a pas tenu à lui que les caisses gérées ou surveillées par l'État ne fussent autorisées à employer leurs fonds en prêts aux Sociétés de construction dans une mesure plus large que celle qui a été en définitive admise par la loi.

D'autre part, s'il a fallu songer immédiatement à constituer le Conseil supérieur des habitations économiques, avant que les Comités locaux ne fussent créés, c'est que ce Conseil supérieur doit élaborer le projet de règlement d'administration publique destiné à compléter la loi et en assurer le fonctionnement. Le ministre du commerce a d'ailleurs eu soin de demander, pour choisir les membres de ce Conseil, des présentations à tous les corps compétents dans cette question si complexe des logements à bon marché.

PARIS. — IMP. E. FLAMMARION, RUE RACINE, 26.

www.ingramcontent.com/pod-product-compliance
Ingram Content Group UK Ltd.
Pitfield, Milton Keynes, MK11 3LW, UK
UKHW021507260726
13993UKWH00004B/1595